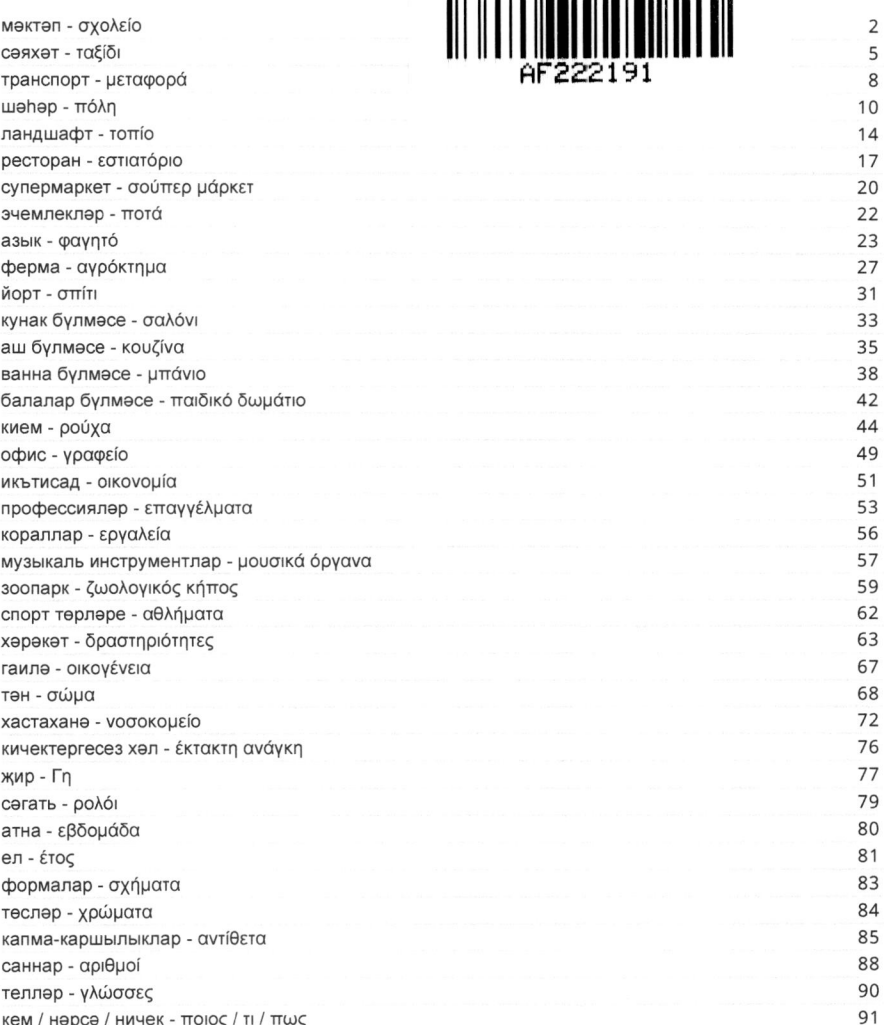

Impressum
Verlag: BABADADA GmbH, Nedderfeld 112 , 22529 Hamburg
Geschäftsführer / Verlagsleitung: Harald Hof
Druck: Books on Demand GmbH, In de Tarpen 42, 22848 Norderstedt

Imprint
Publisher: BABADADA GmbH, Nedderfeld 112 , 22529 Hamburg, Germany
Managing Director / Publishing direction: Harald Hof
Print: Books on Demand GmbH, In de Tarpen 42, 22848 Norderstedt

мәктәп
σχολείο

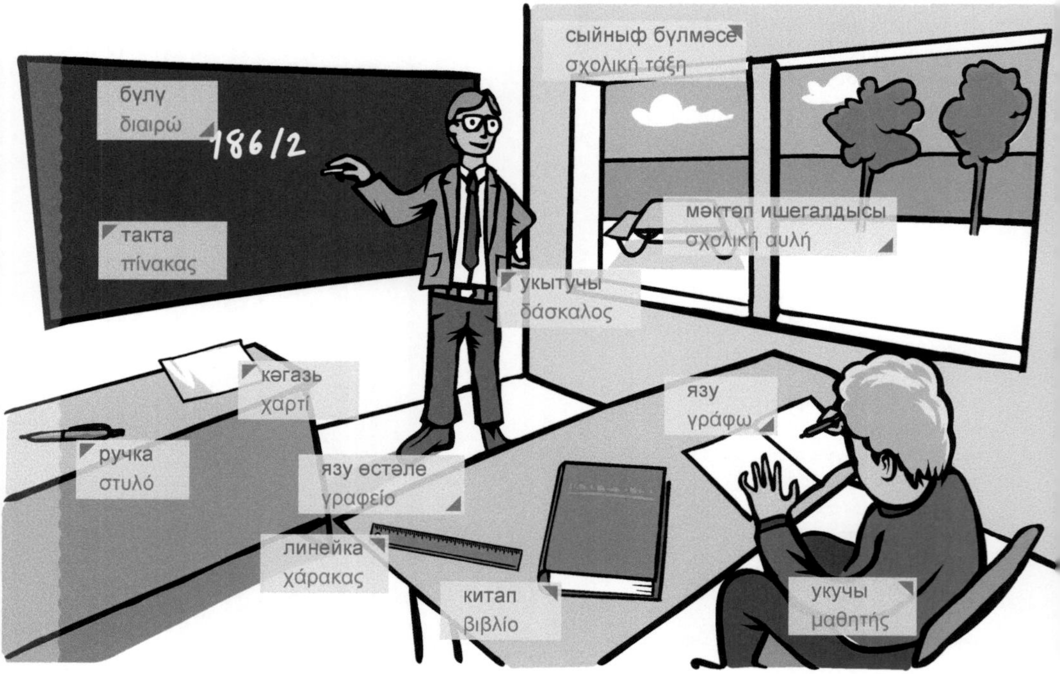
сыйныф бүлмәсе
σχολική τάξη
бүлү
διαιρώ
186/2
такта
πίνακας
мәктәп ишегалдысы
σχολική αυλή
укытучы
δάσκαλος
кәгазь
χαρτί
язу
γράφω
ручка
στυλό
язу өстәле
γραφείο
линейка
χάρακας
китап
βιβλίο
укучы
μαθητής

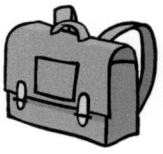

букча
σχολική τσάντα

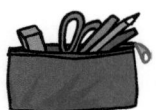

пенал
κασετίνα/ μολυβοθήκη

каләм
μολύβι

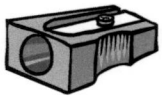

каләм очлагыч
ξύστρα

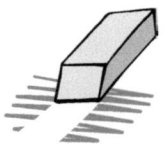

бетергеч
γόμα

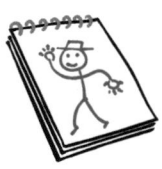

рәсем ясау өчен альбом
μπλοκ ζωγραφικής

рәсем

ζωγραφική

кисточка

πινέλο

буяулар тартмасы

κουτί χρωμάτων

кайчы

ψαλίδι

җилем

κόλλα

дәфтәр

τετράδιο ασκήσεων

өйгә эш

εργασία για το σπίτι

сан

αριθμός

кушу

προσθέτω

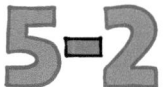

алу

αφαιρώ

тапкырлау

πολλαπλασιάζω

исәпләү

υπολογίζω

хәреф

γράμμα

алфавит

αλφάβητο

сүз

λέξη

текст
....
κείμενο

уку
....
διαβάζω

акбур
....
κιμωλία

дәрес
....
μάθημα

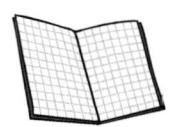

сыйныф журналы
....
εγγράφομαι

имтихан
....
τεστ

диплом
....
πιστοποιητικό

мәктәп формасы
....
μαθητική στολή

мәгариф
....
εκπαίδευση

энциклопедия
....
εγκυκλοπαίδεια

университет
....
πανεπιστήμιο

микроскоп
....
μικροσκόπιο

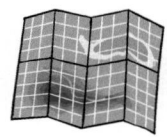

карта
....
χάρτης

кәгазь өчен кәржин
....
καλάθι αχρήστων

кунакханә
ξενοδοχείο

Grand

турбаза
ξενώνας

ROOMS

валюта алмаштыру пункты
ανταλλακτήρια συναλλάγματος

EXCHANGE

чемодан
βαλίτσα

автомобиль
αυτοκίνητο

тел
γλώσσα

әйе / юк
ναι / όχι

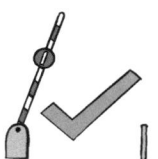

яхшы
εντάξει

сәлам
γεια σου

тәрҗемәче
μεταφραστής

Рәхмәт
Ευχαριστώ

Күпме тора...?

πόσο κάνει ;

Мин аңламыйм

Δε καταλαβαίνω

проблема

πρόβλημα

Хәерле кич!

Καλησπέρα!

Хәерле иртә!

Καλημέρα!

Тыныч йокы!

Καληνύχτα!

хушыгыз

Αντίο

юнәлеш

κατεύθυνση

багаж

αποσκευές

букча

τσάντα

рюкзак

σακίδιο πλάτης

кунак

καλεσμένος

бүлмә

δωμάτιο

йоклар өчен капчык

υπνόσακος

палатка

σκηνή

туристик мәгълүмат

τουριστικές πληροφορίες

пляж

παραλία

кредит картасы

πιστωτική κάρτα

иртәнге аш

πρωινό

төш

μεσημεριανό

кичке аш

δείπνο

билет

εισιτήριο

лифт

ανελκυστήρας

почта маркасы

γραμματόσημο

чик

σύνορα

таможня

τελωνείο

илчелек

πρεσβεία

виза

βίζα

паспорт

διαβατήριο

транспорт

μεταφορά

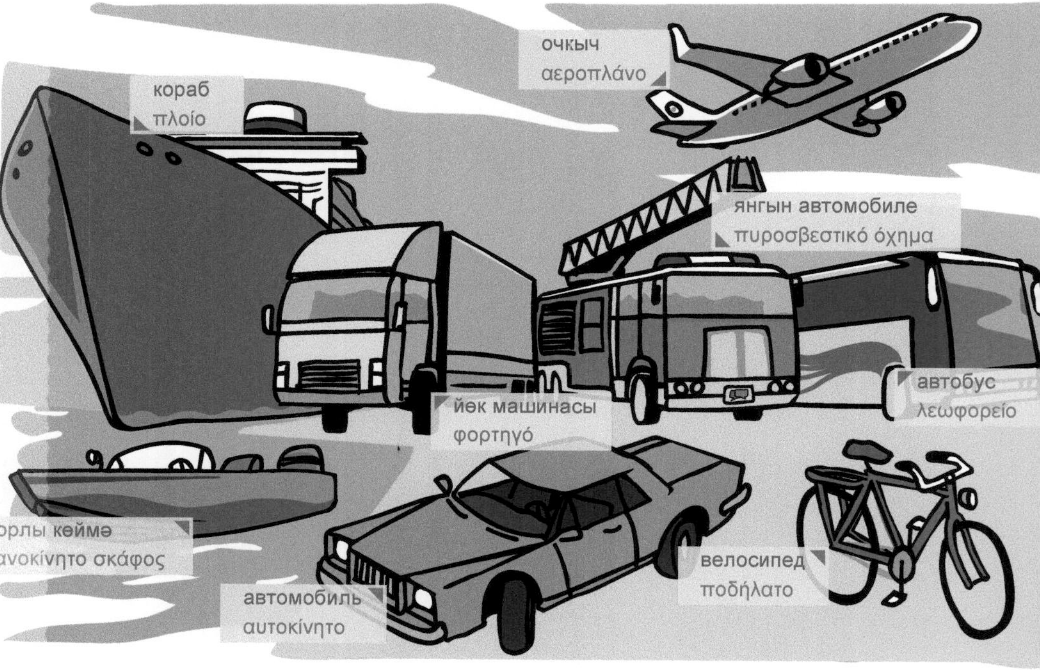

очкыч
αεροπλάνο
кораб
πλοίο
янгын автомобиле
πυροσβεστικό όχημα
автобус
λεωφορείο
йөк машинасы
φορτηγό
оторлы көймә
ηχανοκίνητο σκάφος
велосипед
ποδήλατο
автомобиль
αυτοκίνητο

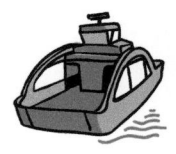

паром
φεριμπότ

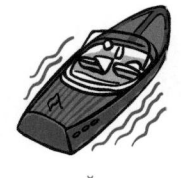

көймә
βάρκα

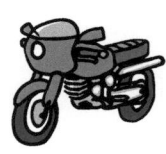

мотоцикл
μοτοσικλέτα

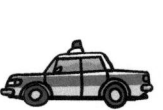

полиция автомобиле
περιπολικό

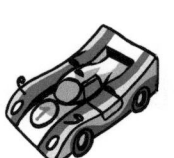

узыш автомобиле
αγωνιστικό αυτοκίνητο

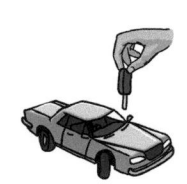

вакытлыча алып торган автомобиль
ενοικιαζόμενο αυτοκίνητο

Автомобильләр белән
уртак файдалану

διαμοιρασμός αυτοκινήτων

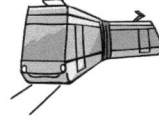

буксирлау автомобиле

γερανός

чүп ташучы

απορριμματοφόρο

двигатель

κινητήρας

ягулык

καύσιμο

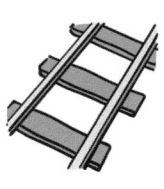

заправка

βενζινάδικο

юл билгесе

πινακίδα σήμανσης

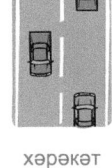
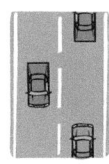

хәрәкәт

κυκλοφορία

бөке

κυκλοφοριακή συμφόρηση

автомобиль тукталышы

χώρος στάθμευσης

вокзал

σιδηροδρομικός σταθμός

рельслар

σιδηροδρομικές γραμμές

поезд

τρένο

трамвай

τραμ

вагон

βαγόνι

транспорт - μεταφορά

вертолет

ελικόπτερο

аэропорт

αεροδρόμιο

каланча

πύργος

юлчы

επιβάτης

контейнер

εμπορευματοκιβώτιο

тартма

χαρτοκιβώτιο

арба

καρότσι

кәрзинкә

καλάθι

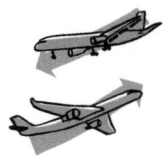

очу / җиргә төшү

απογειώνομαι /
προσγειόνομαι

шәһәр

πόλη

авыл

χωριό

шәһәр үзәге

κέντρο της πόλης

йорт

σπίτι

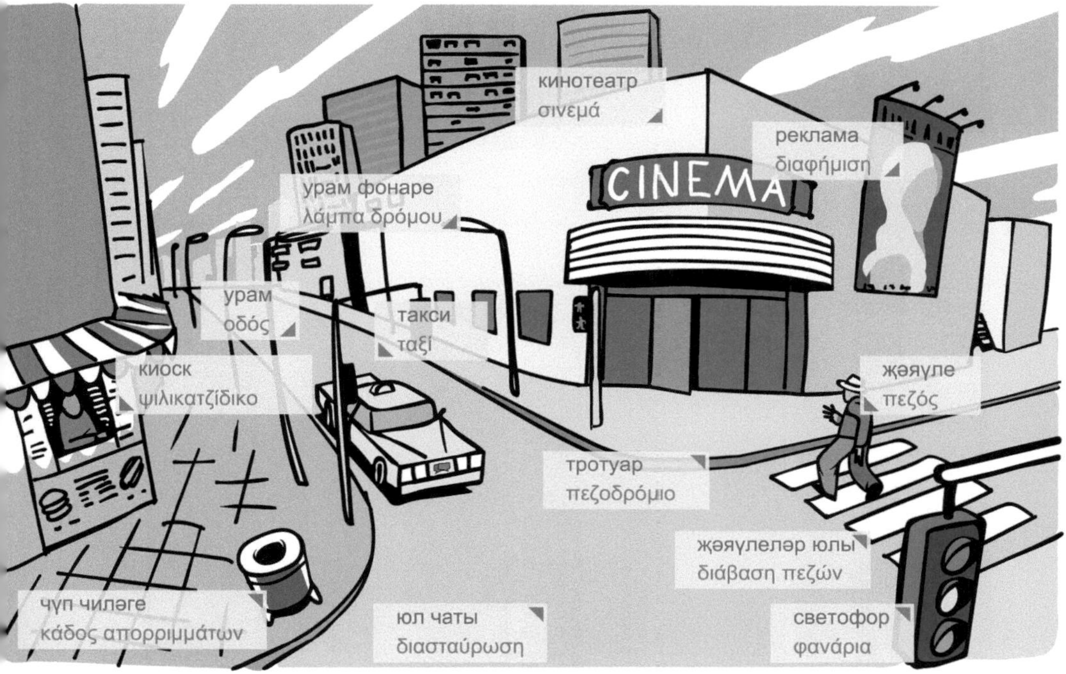
кинотеатр
σινεμά
реклама
διαφήμιση
CINEMA
урам фонаре
λάμπα δρόμου
урам
οδός
такси
ταξί
киоск
ψιλικατζίδικο
җәяүле
πεζός
тротуар
πεζοδρόμιο
җәяүлеләр юлы
διάβαση πεζών
чүп чиләге
κάδος απορριμμάτων
юл чаты
διασταύρωση
светофор
φανάρια

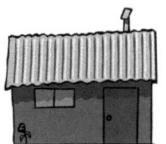

алачык

καλύβα

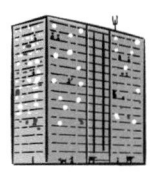

фатир

διαμέρισμα

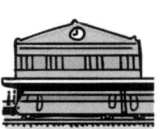

вокзал

σιδηροδρομικός σταθμός

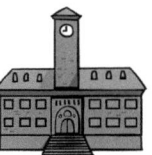

ратуша

δημαρχείο

MUSEUM

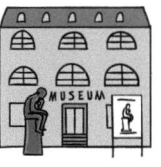

музей

μουσείο

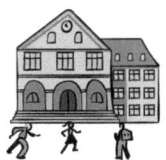

мәктәп

σχολείο

университет

панепистήμιο

банк

τράπεζα

хастаханә

νοσοκομείο

кунакханә

ξενοδοχείο

даруханә

φαρμακείο

офис

γραφείο

китап кибете

βιβλιοπωλείο

кибет

κατάστημα

чәчәк кибете

ανθοπωλείο

супермаркет

σούπερ μάρκετ

базар

αγορά

универмаг

πολυκατάστημα

балык кибете

ιχθυοπωλείο

сәүдә үзәге

εμπορικό κέντρο

порт

λιμάνι

парк
пáрко

эскәмия
παγκάκι

күпер
γέφυρα

баскыч
σκάλες

метро
μετρό

тоннель
τούνελ

автобус тукталышы
στάση λεωφορείου

бар
μπαρ

ресторан
εστιατόριο

почта тартмасы
γραμματοκιβώτιο

урам исеме язылган такта
πινακίδα δρόμου

паркометр
παρκόμετρο

зоопарк
ζωολογικός κήπος

бассейн
πισίνα

мәчет
τζαμί

ферма

αγρόκτημα

әйләнә-тирә мохитне пычрату

ρύπανση

зират

νεκροταφείο

чиркәү

εκκλησία

балалар мәйданчыгы

παιδική χαρά

гыйбадәтханә

ναός

ландшафт
τοπίο

![landscape illustration]

- бит / φύλλο
- юл күрсәткече / πινακίδα κατεύθυνσης
- юл / δρόμος
- болын / λιβάδι
- таш / πέτρα
- агач / δέντρο
- сәяхәтче / πεζοπόρος
- елга / ποτάμι
- үлән / χορτάρι
- чәчәк / λουλούδι

үзән

коιλάδα

тау

λόφος

күл

λίμνη

урман

δάσος

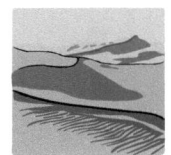

чүл

έρημος

вулкан

ηφαίστειο

йозак

κάστρο

салават күпере

ουράνιο τόξο

гөмбә

μανιτάρι

пальма

φοίνικας

черки

κουνούπι

чебен

μύγα

кырмыска

μυρμήγκι

корт

μέλισσα

үрмәкүч

αράχνη

коңгыз
....
σκαθάρι

бака
....
βάτραχος

тиен
....
σκίουρος

керпе
....
σκαντζόχοιρος

куян
....
λαγός

ябалак
....
κουκουβάγια

кош
....
πουλί

аккош
....
κύκνος

кабан дуңгызы
....
αγριογούρουνο

болан
....
ελάφι

поши
....
άλκη

буа
....
φράγμα

җил генераторы
....
ανεμογεννήτρια

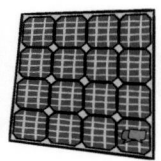

кояш батареясы
....
ηλιακός συλλέκτης

климат
....
κλίμα

ресторан
εστιατόριο

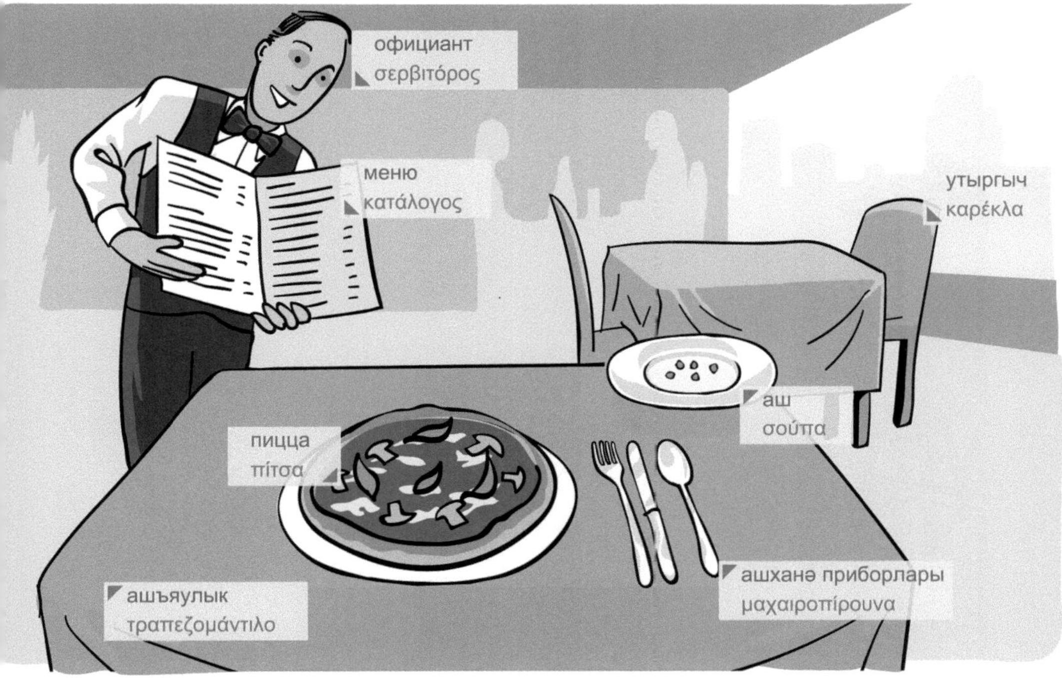

официант
σερβιτόρος
меню
κατάλογος
утыргыч
καρέκλα
аш
σούπα
пицца
πίτσα
ашханә приборлары
μαχαιροπίρουνα
ашъяулык
τραπεζομάντιλο

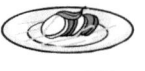

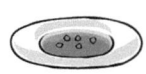

кабымлык
ορεκτικό

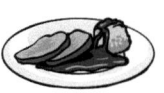

төп ашамлык
κύριο πιάτο

десерт
επιδόρπιο

эчемлекләр
ποτά

азык
φαγητό

шешә
μπουκάλι

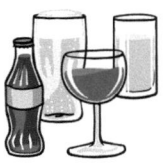

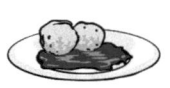

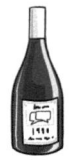

фастфуд

φαστ φουντ

урам ризыгы

φαγητό στ' όρθιο

чәйнек

τσαγιέρα

шикәр савыты

δοχείο ζάχαρης

күләм

μερίδα

кофе кайнаткыч

μηχανή εσπρέσο

балалар урындыгы

ψηλή καρέκλα

исәпләү

λογαριασμός

поднос

δίσκος

пычак

μαχαίρι

чәнечке

πιρούνι

кашык

κουτάλι

чәй кашыгы

κουταλάκι του τσαγιού

салфетка

πετσέτα φαγητού

стакан

ποτήρι

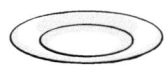

тәлинкә

πιάτο

аш тәлинкәсе

πιάτο σούπας

чәй тәлинкәсе

πιατάκι φλιτζανιού

соус

σάλτσα

тоз савыты

αλατιέρα

борыч ваклагыч

μύλος για πιπέρι

серкә

ξύδι

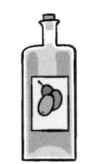

сыек май

λάδι

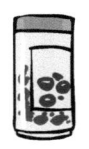

тәмләткеч

μπαχαρικά

кетчуп

κέτσαπ

горчица

μουστάρδα

майонез

μαγιονέζα

супермаркет

σούπερ μάρκετ

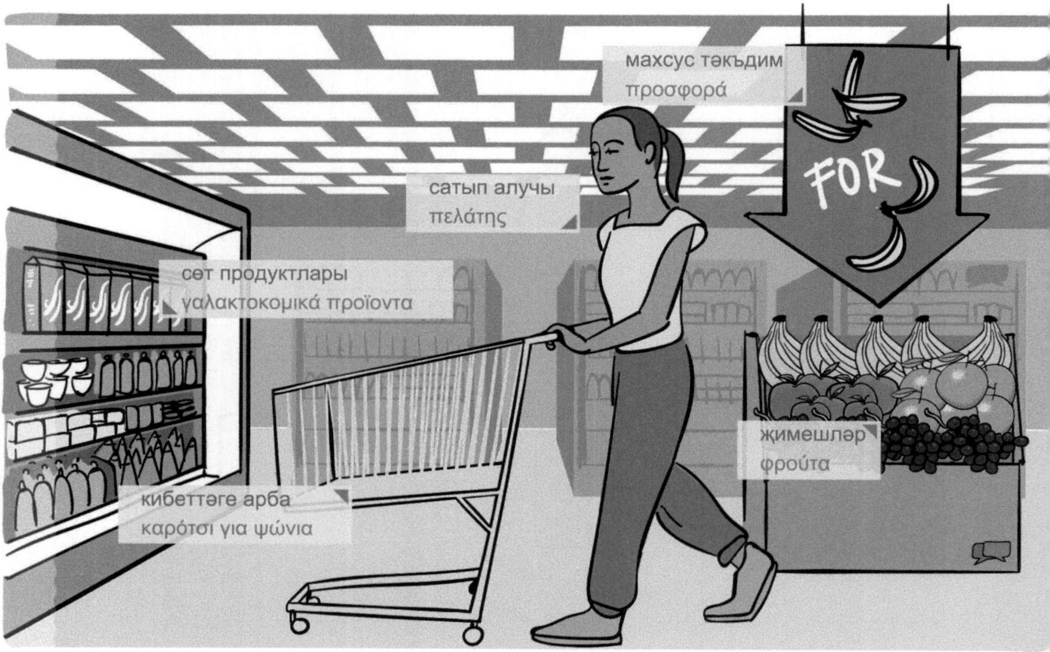

махсус тәкъдим
προσφορά
FOR
сатып алучы
πελάτης
сөт продуктлары
γαλακτοκομικά προϊόντα
җимешләр
φρούτα
кибеттәге арба
καρότσι για ψώνια

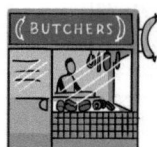

BUTCHERS

ит кибете

κρεοπωλείο

BAKERY

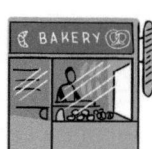

икмәк пешерү йорты

φούρνος

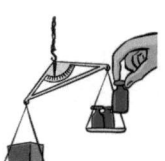

килү

ζυγίζω

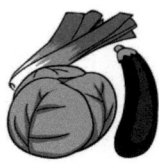

яшелчә

λαχανικά

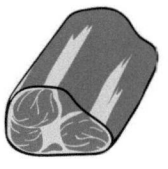

ит

κρέας

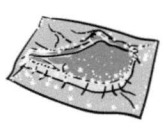

туңдырылган продуктлар

κατεψυγμένα τρόφιμα

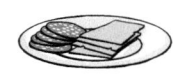

кисәкле ит

αλλαντικά

консервалар

κονσερβοποιημένη τροφή

кер юу порошогы

απορρυπαντικό ρούχων

тәм-томнар

γλυκά

көнкүреш җиһазлары

οικιακά είδη

юу әйбере

καθαριστικά προϊόντα

хатын-кыз сатучы

πωλήτρια

касса

ταμείο

кассир

ταμίας

сатып алган әйберләрнең
исемлеге

λίστα για ψώνια

эш вакыты

ωράριο λειτουργίας

бумажник

πορτοφόλι

кредит картасы

πιστωτική κάρτα

букча

τσάντα

полиэтилен пакет

πλαστική σακούλα

супермаркет - σούπερ μάρκετ

су
....
νερό

сок
....
χυμός

сөт
....
γάλα

кока-кола
....
κόκα κόλα

шәраб
....
κρασί

сыра
....
μπίρα

хәмер
....
αλκοόλ

какао
....
κακάο

чәй
....
τσάι

кофе
....
καφές

эспрессо
....
εσπρέσο

капучино
....
καπουτσίνο

банан

μπανάνα

алма

μήλο

әфлисун

πορτοκάλι

карбыз

πεπόνι

лимон

λεμόνι

кишер

καρότο

сарымсак

σκόρδο

бамбук

μπαμπού

суган

κρεμμύδι

гөмбә

μανιτάρι

чикләвекләр

ξηροί καρποί

токмач

νουντλς

спагетти

μακαρόνια

дөге

ρύζι

салат

σαλάτα

чипсы

πατατάκια

кыздырылган бәрәңге

τηγανητές πατάτες

пицца

πίτσα

гамбургер

χάμπουργκερ

сэндвич

σάντουιτς

котлет

κοτολέτα

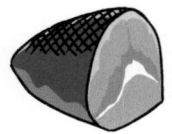

ветчина

ζαμπόν

салями

σαλάμι

сосиска

λουκάνικο

тавык

κοτόπουλο

кыздырма

ψητό

балык

ψάρι

солы кисәкләре

χυλός βρώμης

мюсли

μούσλι

кукуруз кисәкләре

κορν φλέικς

он

αλεύρι

круассан

κρουασάν

булка

ψωμάκι

икмәк

ψωμί

тост

τοστ

печенье

μπισκότα

май

βούτυρο

эремчек

τυρόπηγμα

пирог

κέικ

йомырка

αυγό

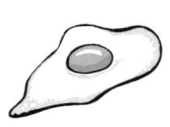

йомырка тәбәсе

τηγανητό αυγό

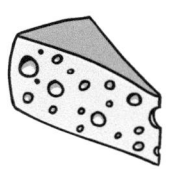

сыр

τυρί

азык - φαγητό

туңдырма

παγωτό

шикәр

ζάχαρη

бал

μέλι

кайнатма

μαρμελάδα

шоколадлы паста

άλλειμμα σοκολάτας

карри

κάρυ

ферма
αγρόκτημα

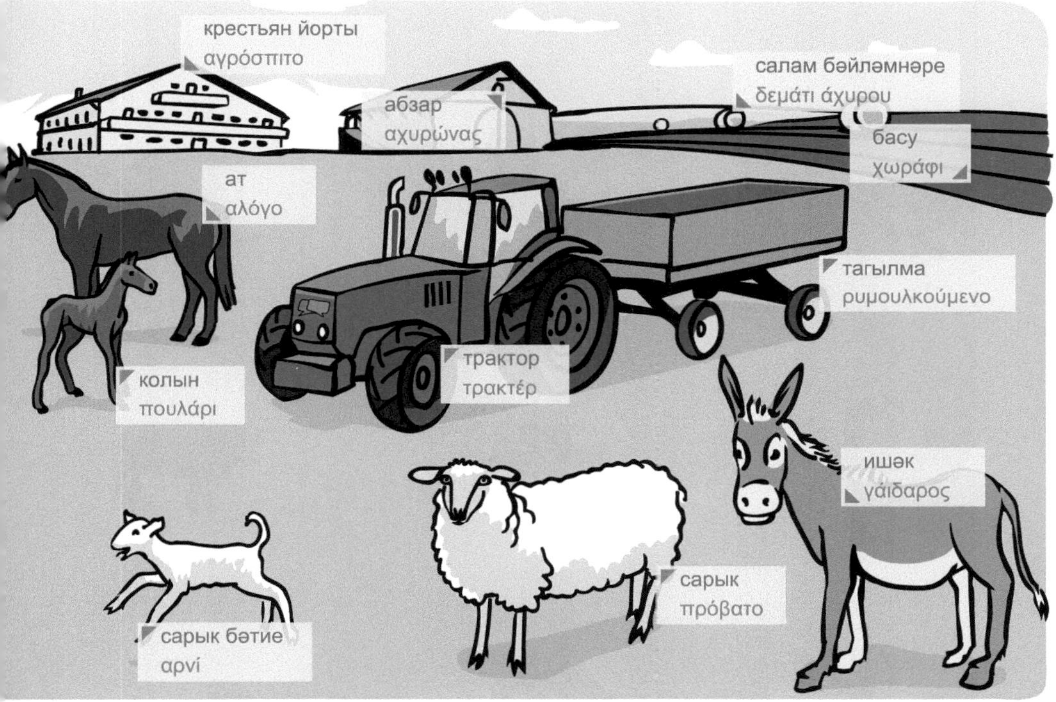

крестьян йорты
αγρόσπιτο
салам бәйләмнәре
δεμάτι άχυρου
абзар
αχυρώνας
басу
χωράφι
ат
αλόγο
тагылма
ρυμουλκούμενο
трактор
τρακτέρ
колын
πουλάρι
ишәк
γάιδαρος
сарык
πρόβατο
сарык бәтие
αρνί

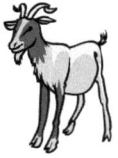

кәҗә
κατσίκα

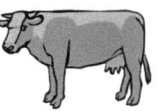

сыер
αγελάδα

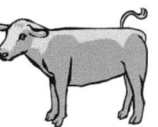

бозау
μοσχαράκι

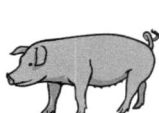

дуңгыз
γουρούνι

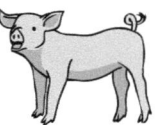

дуңгыз баласы
γουρουνάκι

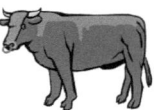

үгез
ταύρος

каз

χήνα

үрдәк

πάπια

чеби

κοτοπουλάκι

тавык

κότα

әтәч

κόκορας

күсе

αρουραίος

песи

γάτα

тычкан

ποντίκι

эш үгезе

βόδι

эт

σκύλος

эт оясы

σπιτάκι σκύλου

бакча шлангысы

λάστιχο κήπου

сусипкеч

ποτιστήρι

чалгы

θεριστήρι

сабан

αλέτρι

урак
дрепάνι

китмән
τσάπα

тирес сәнәге
δίκρανο

балта
τσεκούρι

кул арбасы
χειράμαξα

тагарак
ταΐστρα

сөт өчен бидон
δοχείο γάλακτος

капчык
σάκος

койма
φράχτης

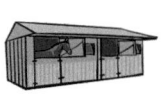

абзар
στάβλος

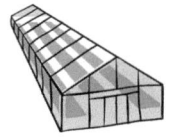

теплица
θερμοκήπιο

туфрак
έδαφος

чәчү
σπόρος

ашлама
λίπασμα

комбайн
θεριζοαλωνιστική μηχανή

уңыш җыю

θερίζω

уңыш

συγκομιδή

ямса

γιαμς

бодай

σιτάρι

соя

σόγια

бәрәңге

πατάτα

кукуруз

καλαμπόκι

рапс

κράμβη

җимеш агачы

οπωροφόρο δέντρο

маниок

μανιόκα

иген

δημητριακά

йорт

σπίτι

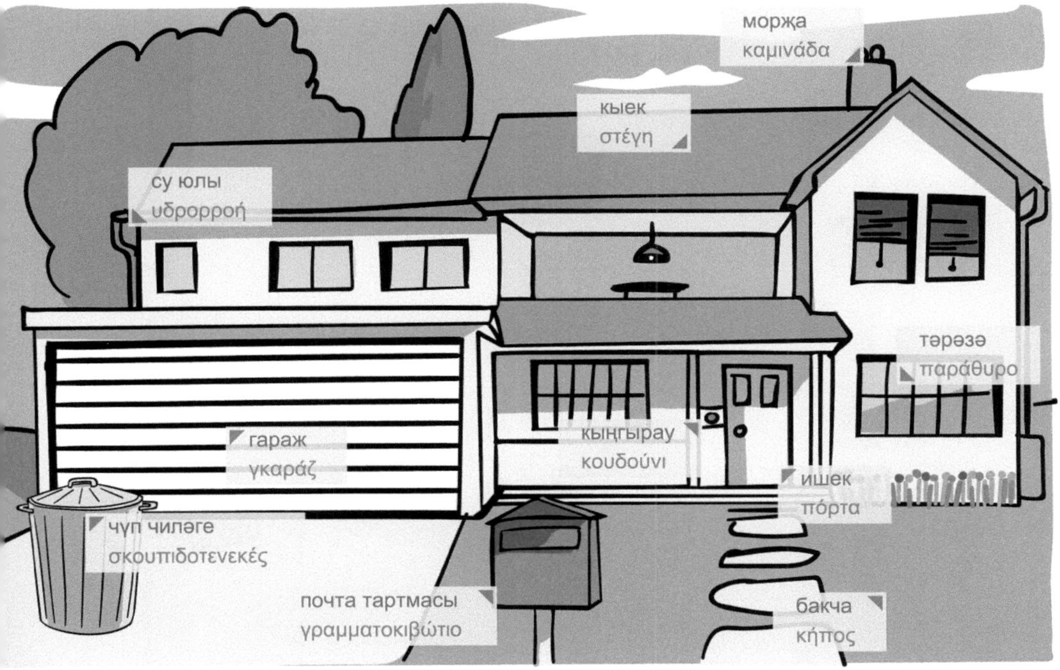
моржа
καμινάδα
кыек
στέγη
су юлы
υδρορροή
тәрәзә
παράθυρο
гараж
γκαράζ
кыңгырау
κουδούνι
ишек
πόρτα
чүп чиләге
σκουπιδοτενεκές
почта тартмасы
γραμματοκιβώτιο
бакча
κήπος

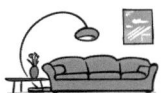

кунак бүлмәсе

σαλόνι

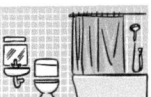

ванна бүлмәсе

μπάνιο

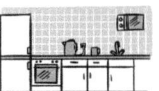

аш бүлмәсе

κουζίνα

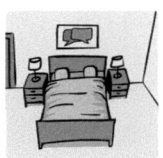

йокы бүлмәсе

υπνοδωμάτιο

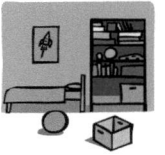

балалар бүлмәсе

παιδικό δωμάτιο

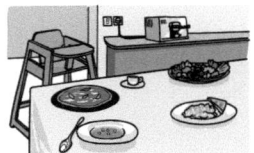

ашханә

τραπεζαρία

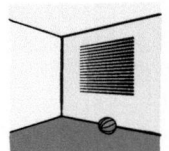

идән

пάτωμα

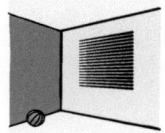

дивар

τοίχος

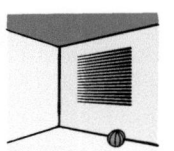

түшәм

οροφή

баз

κελάρι

сауна

σάουνα

балкон

μπαλκόνι

терраса

βεράντα

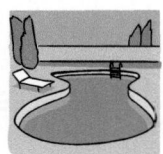

бассейн

πισίνα

газон чапкыч

μηχανή του γκαζόν

юрган аслыгы

σεντόνι

япма

κάλυμμα κρεβατιού

каbtiрават

κρεβάτι

себерке

σκούπα

чиләк

κουβάς

сүндергеч

διακόπτης

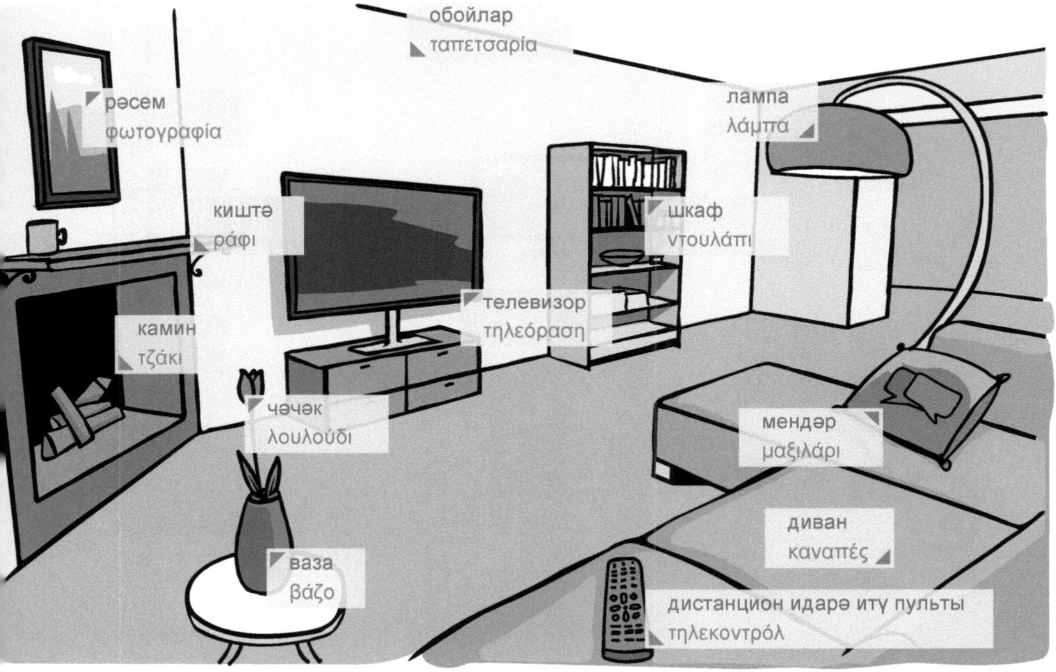

обойлар
ταπετσαρία

рәсем
φωτογραφία

лампа
λάμπα

киштә
ράφι

шкаф
ντουλάπι

камин
τζάκι

телевизор
τηλεόραση

чәчәк
λουλούδι

мендәр
μαξιλάρι

диван
καναπές

ваза
βάζο

дистанцион идарә итү пульты
τηλεκοντρόλ

келәм
χαλί

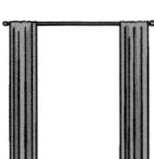

пәрдә
κουρτίνα

өстәл
τραπέζι

утыргыч
καρέκλα

тибрәткеч кәнәфи
κουνιστή πολυθρόνα

кәнәфи
πολυθρόνα

китап

βιβλίο

япма

κουβέρτα

бизәк

διακόσμηση

утын

καυσόξυλα

фильм

ταινία

стереосистема

στερεοφωνικό σύστημα

ачкыч

κλειδί

газета

εφημερίδα

картина

πίνακας ζωγραφικής

плакат

αφίσα

радио

ραδιόφωνο

блокнот

σημειωματάριο

тузан суыргыч

ηλεκτρική σκούπα

кактус

κάκτος

шәм

κερί

аш бүлмәсе

κουζίνα

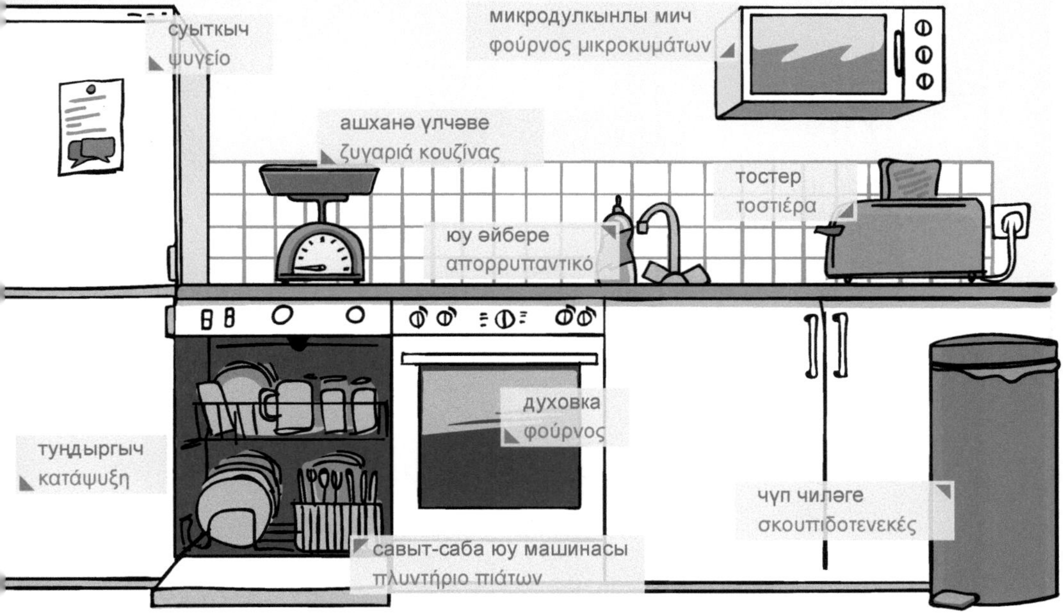

суыткыч
ψυγείο
микродулкынлы мич
φούρνος μικροκυμάτων
ашханә үлчәве
ζυγαριά κουζίνας
тостер
τοστιέρα
юу әйбере
απορρυπαντικό
духовка
φούρνος
туңдыргыч
κατάψυξη
чүп чиләге
σκουπιδοτενεκές
савыт-саба юу машинасы
πλυντήριο πιάτων

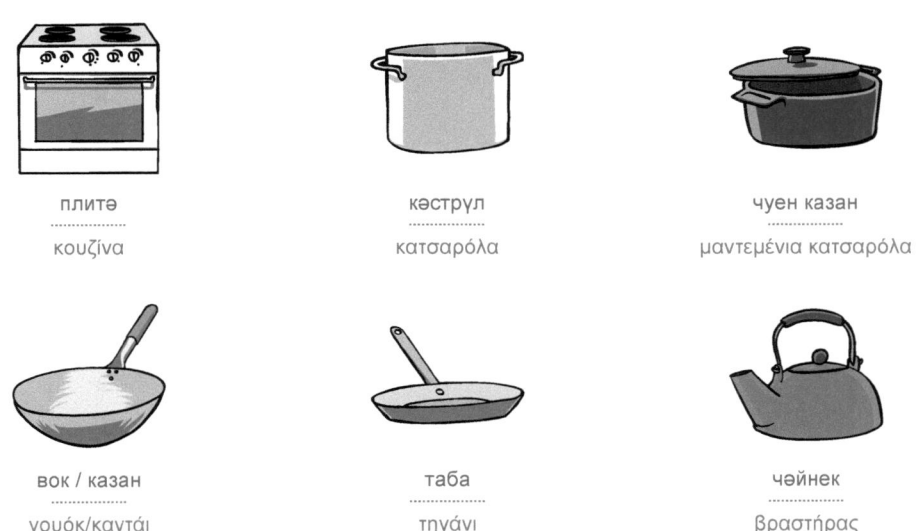

плитә

κουζίνα

кәстрүл

κατσαρόλα

чуен казан

μαντεμένια κατσαρόλα

вок / казан

γουόκ/καντάι

таба

τηγάνι

чәйнек

βραστήρας

парда пешергеч

атμομάγειρας

калай таба

ταψί

савыт-саба

πιατικά

кружка

κούπα

жамаяк

μπολ

таякчык

ξυλάκια

аш чумече

κουτάλα

лопатка

σπάτουλα

туглауыч

ανακατεύω

иләк

σουρωτήρι

иләк

σουρωτηράκι

кыргыч

τρίφτης

төйгеч

γουδί

гриль

ψησταριά

учак

ανοιχτή φωτιά

такта

σανίδα κοπής

уклау

πλάστης

бөке суыргыч

ανοιχτήρι φελλών

калай банк

κονσέρβα

консерв ачу өчен пычак

ανοιχτήρι κονσέρβας

элэктергеч

γάντι φούρνου

раковина

νεροχύτης

щётка

βούρτσα

губка

σφουγγάρι

миксер

μπλέντερ

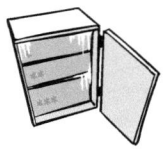

туңдыру камерасы

καταψύκτης

ашату өчен шешә

μπιμπερό

кран

βρύση

ванна бүлмәсе

μπάνιο

жылыту
θέρμανση
душ
ντους
сөлге
πετσέτα
душ пәрдәсе
κουρτίνα ντουζ
күбекле ванна
αφρόλουτρο
ванна
μπανιέρα
стакан
ποτήρι
кер юу машинасы
πλυντήριο ρούχων
кран
βρύση
плитка
πλακάκια
чүлмәк
γιογιό
раковина
νεροχύτης

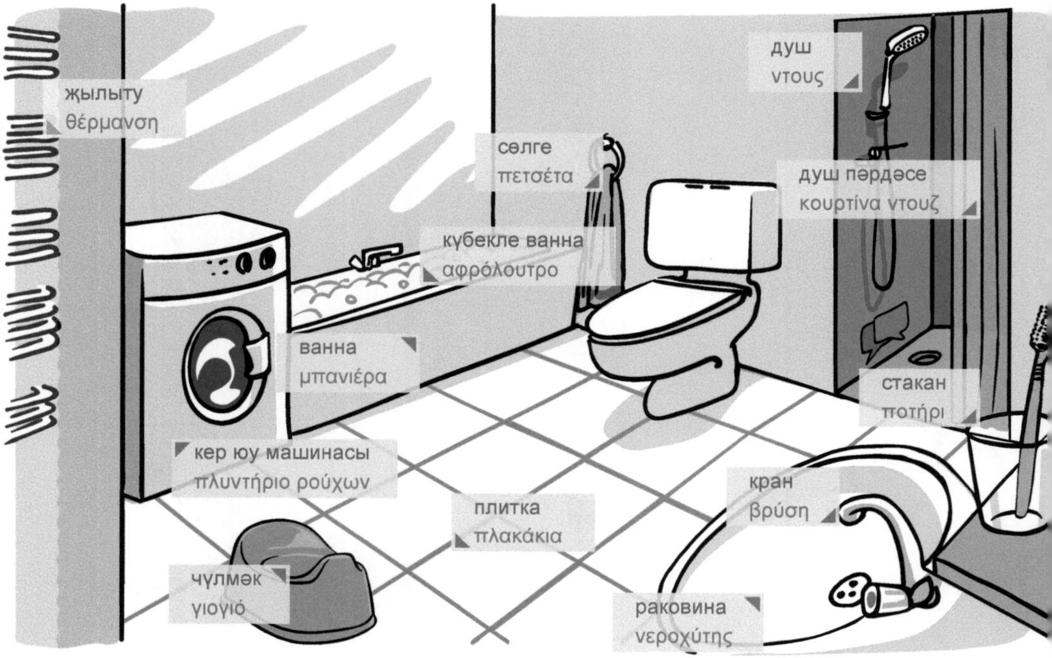

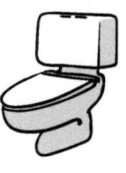

бәдрәф

τουαλέτα

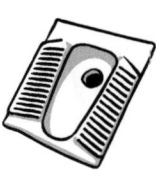

унитаз

τούρκικη τουαλέτα

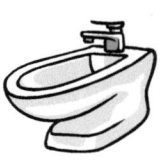

биде

μπιντές

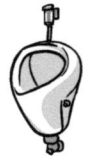

писсуар

ουρητήριο

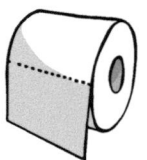

бәдрәф кәгазе

χαρτί υγείας

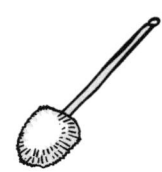

керпе кебек чистарткыч

πιγκάλ

теш щеткасы
одонтόβουρτσα

теш пастасы
одонтόκρεμα

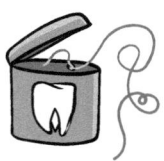

теш җебе
одонтικό νήμα

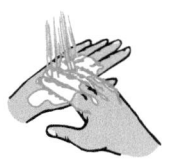

юу
πλένω

кул душы
τηλέφωνο ντους

душ
ντουσιέρα

оча сөяге
λεκάνη

аврка өчен щетка
βούρτσα πλάτης

сабын
σαπούνι

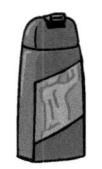

душ өчен гель
αφρόλουτρο

шампунь
σαμπουάν

мунчала
φανέλα

агым
σιφόνι

крем
κρέμα

дезодорант
αποσμητικό

көзге
καθρέφτης

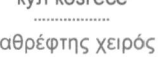

кул көзгесе
καθρέφτης χειρός

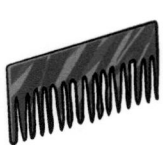

пәке
ξυραφάκι

кырыну өчен күбек
αφρός ξυρίσματος

Кырынаганнан соң
кулланыла торган лосьон
αφτερσέιβ

тарак
χτένα

щётка
βούρτσα

фен
σεσουάρ

чәчләр лагы
λακ

косметика
μακιγιάζ

ирен буявы
κραγιόν

тырнаклар лагы
βερνίκι νυχιών

мамык
βαμβάκι

маникюр кайчысы
ψαλίδι νυχιών

хушбуй
άρωμα

косметика савыты

νεσεσέρ

урындык

σκαμπό

үлчәү

ζυγαριά

халат

μπουρνούζι

резин перчаткалар

ελαστικά γάντια

тампон

ταμπόν

гигиена жәймәсе

πετσέτα υγιεινής

биотуалет

χημική τουαλέτα

балалар бүлмәсе
παιδικό δωμάτιο

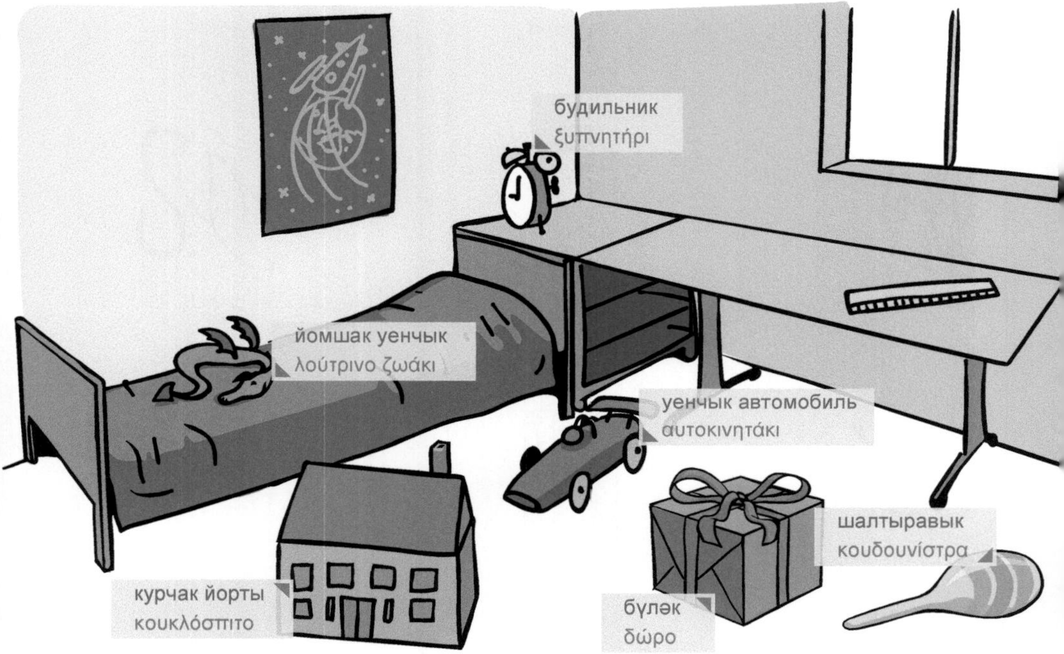

будильник
ξυπνητήρι

йомшак уенчык
λούτρινο ζωάκι

уенчык автомобиль
αυτοκινητάκι

шалтыравык
κουδουνίστρα

курчак йорты
κουκλόσπιτο

бүләк
δώρο

һава шары

μπαλόνι

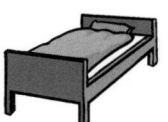

карават

κρεβάτι

балалар коляскасы

καροτσάκι

кәрт уены

τράπουλα

пазл

παζλ

комикс

κόμικς

Лего кирпечекләре

τουβλάκια lego

шакмак

τουβλάκια κατασκευών

уенчык

φιγούρα δράσης

ползунки

βρεφικό φορμάκι

фрисби

φρίσμπι

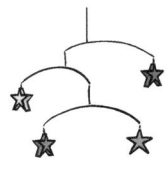

мобиль

μόμπιλο

өстәл уены

επιτραπέζιο παιχνίδι

шакмак

ζάρια

тимер юл моделе

σετ τρενάκι

имезлек

πιπίλα

кичә

πάρτι

рәсемнәр белән бизәлгән китап

εικονογραφημένο βιβλίο

туп

μπάλα

курчак

κούκλα

уйнау

παίζω

комлык

σκάμμα με άμμο

таган

κούνια

уенчык

παιχνίδια

уен приставкасы

κονσόλα βιντεοπαιχνιδιών

әч көпчәкле велосипед

τρίκυκλο

плюш аю

αρκουδάκι

кием-салым шкафы

ντουλάπα

оекбаш

κάλτσες

оек

καλτσοδέτες

колготки

καλσόν

шарф
κασκόλ

зонт
ομπρέλα

футболка
μπλουζάκι

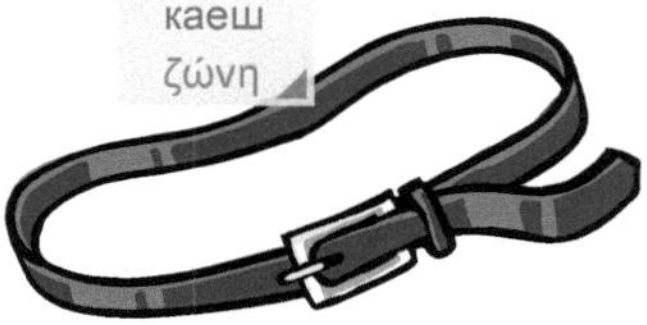

каеш
ζώνη

итек
μπότες

тапки
παντόφλες

кроссовки
αθλητικά παπούτσια

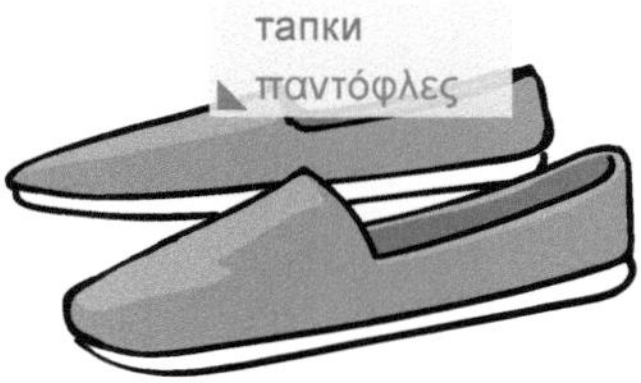

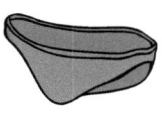

сандаллар
σανδάλια

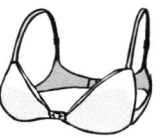

ботинкалар
παπούτσια

резин итекләр
γαλότσες

трусик
εσώρουχο

бюстгальтер
σουτιέν

майка
φανέλα

боди

σώμα

чалбар

παντελόνι

джинсы

τζιν παντελόνι

итәк

φούστα

блузка

μπλούζα

күлмәк

πουκάμισο

свитер

πουλόβερ

свитер

πουλόβερ

спорт курткасы

σακάκι

жакет

μπουφάν

пәлтә

παλτό

плащ

αδιάβροχο πανωφόρι

костюм

κοστούμι

күлмәк

φόρεμα

туй күлмәге

νυφικό

кием - ρούχα

ирләр костюмы

κοστούμι

төнге эчке күлмәк

νυχτικό

пижама

πιτζάμες

сари

σάρι

яулык

μαντήλι

чалма

τουρμπάνι

пәрәнҗә

μπούρκα

кафтан

καφτάνι

абайя

μουσουλμανικό ένδυμα

коену костюмы

ολόσωμο μαγιό

плавки

ανδρικό μαγιό

шорт

σορτς

спорт костюмы

αθλητική φόρμα

алъяпкыч

ποδιά

перчаткалар

γάντια

төймә
коυμπί

күзлек
γυαλιά

беләзек
βραχιόλι

чылбыр
περιδέραιο

балдак
δαχτυλίδι

алка
σκουλαρίκι

бүрек
καπέλο

элгеч
κρεμάστρα

эшләпә
καπέλο

галстук
γραβάτα

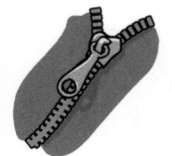

молния каптырмасы
φερμουάρ

каска
κράνος

подтяжка
τιράντες

мәктәп формасы
μαθητική στολή

форма
στολή

балалар күкрәкчәсе
σαλιάρα

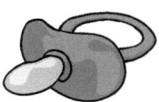

имезлек
πιπίλα

подгузник
πάνα

офис
γραφείο

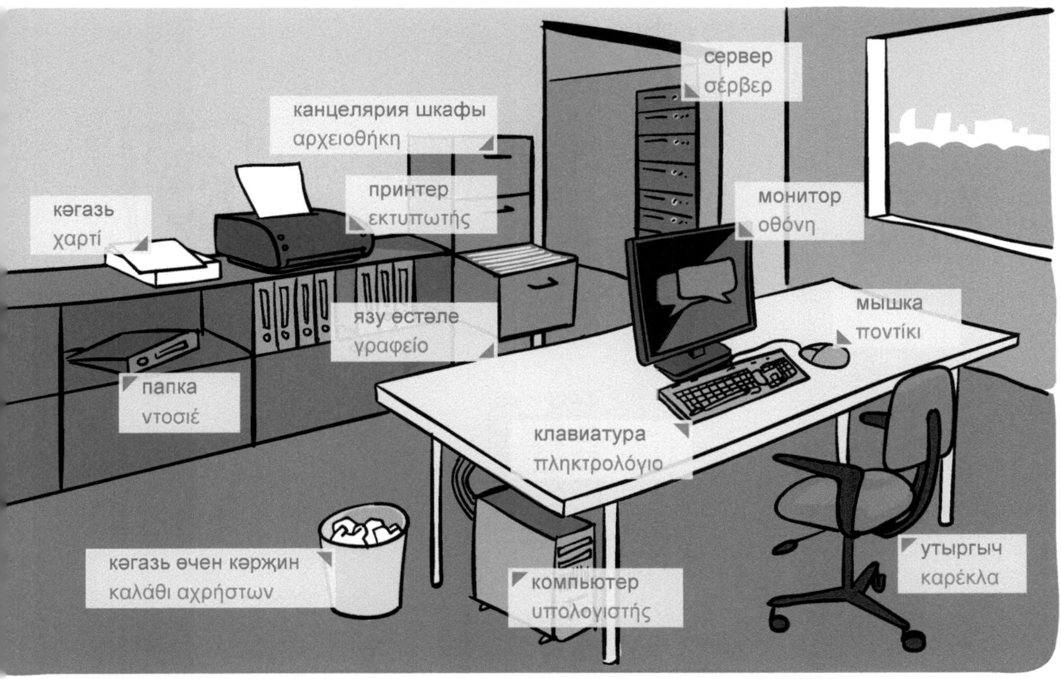

сервер
σέρβερ

канцелярия шкафы
αρχειοθήκη

принтер
εκτυπωτής

монитор
οθόνη

кәгазь
χαρτί

мышка
ποντίκι

язу өстәле
γραφείο

папка
ντοσιέ

клавиатура
πληκτρολόγιο

кәгазь өчен кәржин
καλάθι αχρήστων

компьютер
υπολογιστής

утыргыч
καρέκλα

кофе кружкасы
κούπα του καφέ

калькулятор
κομπιουτεράκι

интернет
ίντερνετ

ноутбук

λάπτοπ

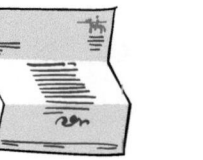

хат

γράμμα

хәбәр

μήνυμα

кесә телефоны

κινητό

челтәр

δίκτυο

ксерокс

φωτοτυπικό μηχάνημα

программа

λογισμικό

телефон

τηλέφωνο

розетка

πρίζα

факс

συσκευή φαξ

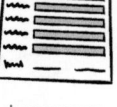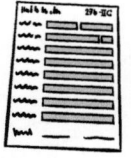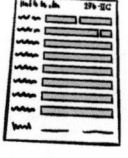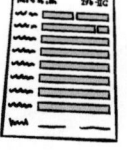

формуляр

έντυπο

документ

έγγραφο

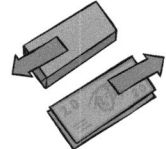

сатып алу

αγοράζω

түлеу

πληρώνω

сәудә

συναλλάσσομαι

акча

χρήματα

доллар

δολάριο

евро

ευρώ

иена

γιεν

сум

ρούβλι

франк

ελβετικό φράγκο

жэньминьби юань

ρενμίνμπι γιουάν

рупия

ρουπία

банкомат

ΑΤΜ (αυτόματη ταμειακή μηχανή)

валюта алмаштыру
пункты
ανταλλακτήρια
συναλλάγματος

алтын
....
χρυσός

көмеш
....
ασήμι

жир мае
....
πετρέλαιο

энергия
....
ενέργεια

бәя
....
τιμή

килешу
....
συμβόλαιο

салым
....
φόρος

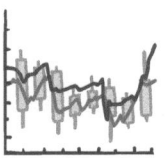

акция
....
μετοχή

эш
....
δουλεύω

эшче
....
υπάλληλος

эш бируче
....
εργοδότης

фабрика
....
εργοστάσιο

кибет
....
κατάστημα

икътисад - οικονομία

профессияләр
επαγγέλματα

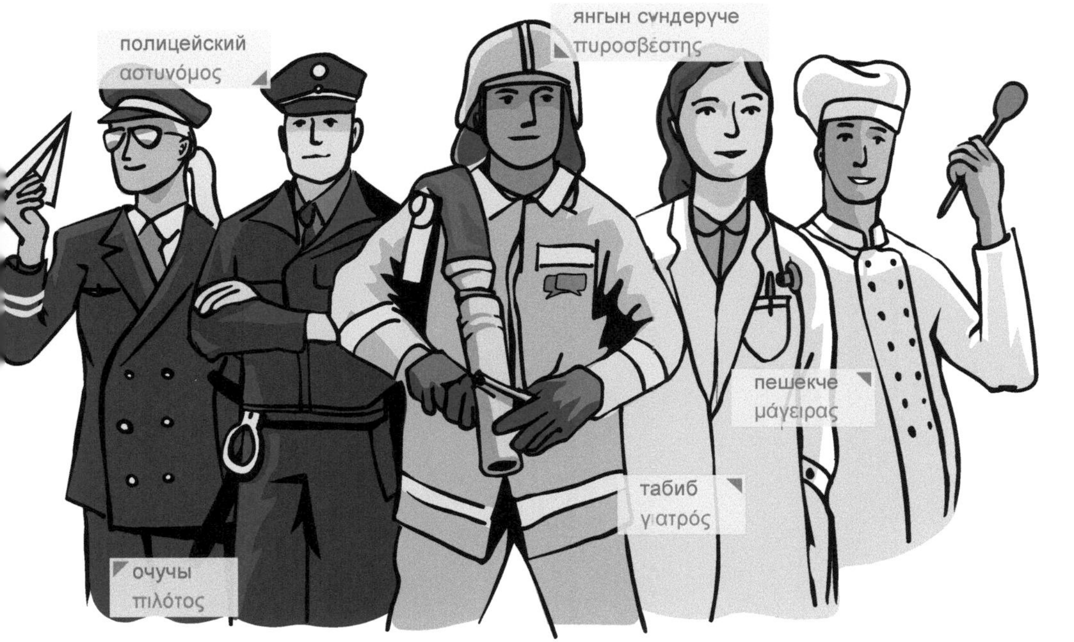
полицейский
αστυνόμος
янгын сүндерүче
πυροσβέστης
пешекче
μάγειρας
табиб
γιατρός
очучы
πιλότος

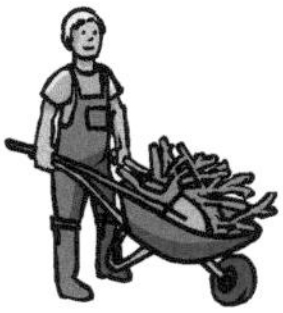

бакчачы

κηπουρός

агач остасы

ξυλουργός

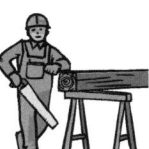

тегүче

μοδίστρα

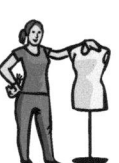

хаким

δικαστής

химик

χημικός

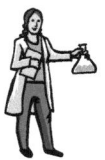

актер

ηθοποιός

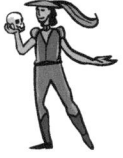

автобус йөртүче

оδηγός λεωφορείου

таксист

ταξιτζής

балыкчы

ψαράς

җыештыручы хатын

καθαρίστρια

түбә ябучы

τεχνίτης στεγών

официант

σερβιτόρος

аучы

κυνηγός

рәссам

ζωγράφος

пешекче

αρτοποιός

электрик

ηλεκτρολόγος

төзүче

οικοδόμος

инженер

μηχανολόγος

итче

κρεοπώλης

сантехник

υδραυλικός

хат ташучы

ταχυδρόμος

профессияләр - επαγγέλματα

солдат

στρατιώτης

архитектор

αρχιτέκτονας

кассир

ταμίας

чэчэкче

ανθοπώλης

парикмахер

κομμωτής

кондуктор

ελεγκτής εισιτηρίων

механик

μηχανικός

капитан

καπετάνιος

теш табибы

οδοντίατρος

галим

επιστήμονας

раввин

ραβίνος

имам

ιμάμης

монах

μοναχός

рухани

ιερέας

кораллар

εργαλεία

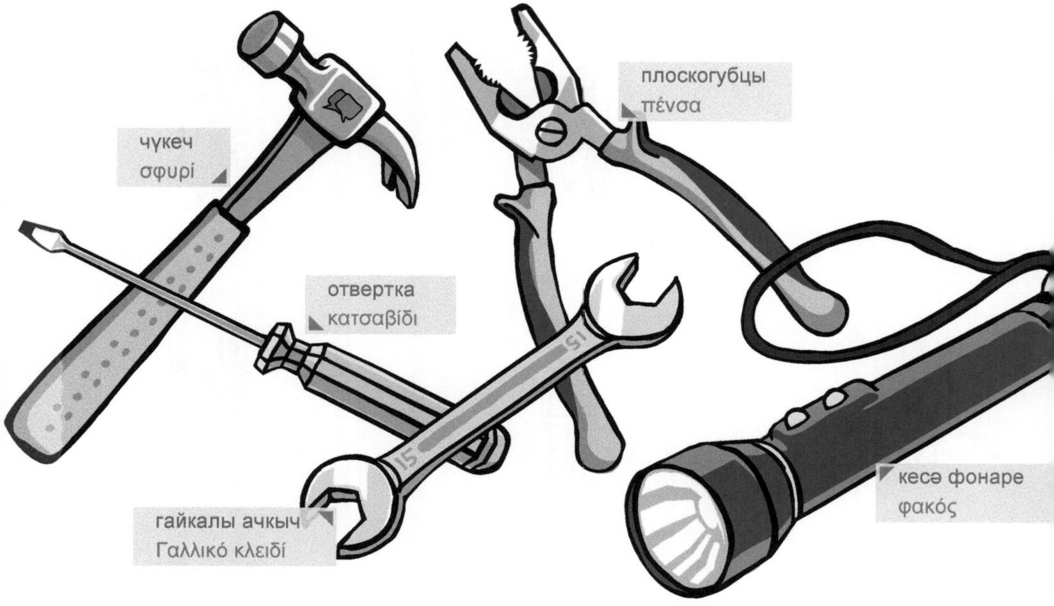

чүкеч
σφυρί
плоскогубцы
πένσα
отвертка
κατσαβίδι
гайкалы ачкыч
Γαλλικό κλειδί
кесә фонаре
φακός
15

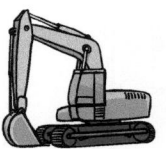

экскаватор

εκσκαφέας

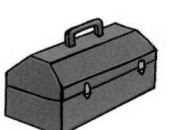

инструментлар өчен тартма

εργαλειοθήκη

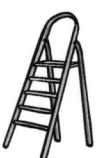

баскыч

σκάλα

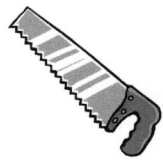

пычкы

πριόνι

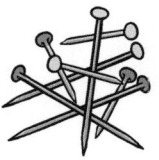

кадаклар

καρφιά

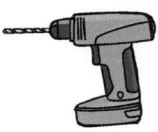

дрель

τρυπάνι

төзәтү
επισκευάζω

көрәк
φτυάρι

Шайтан алгыры!
Να πάρει!

соскы
φαράσι

савытлы буяу
δοχείο χρωμάτων

винтлар
βίδες

музыкаль инструментлар
μουσικά όργανα

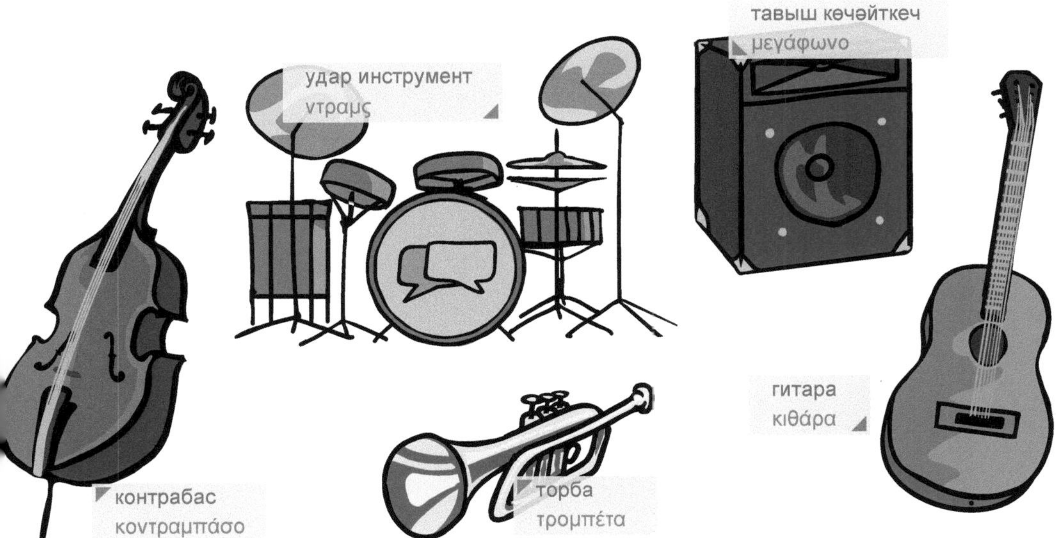

удар инструмент
ντραμς

тавыш көчәйткеч
μεγάφωνο

контрабас
κοντραμπάσο

торба
τρομπέτα

гитара
κιθάρα

пианино

πιάνο

скрипка

βιολί

бас-гитара

μπάσο

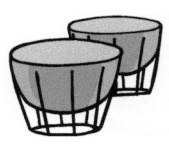

литавра

τύμπανα

барабан

τύμπανο

синтезатор

πλήκτρα

саксофон

σαξόφωνο

флейта

φλάουτο

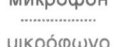

микрофон

μικρόφωνο

зоопарк

ζωολογικός κήπος

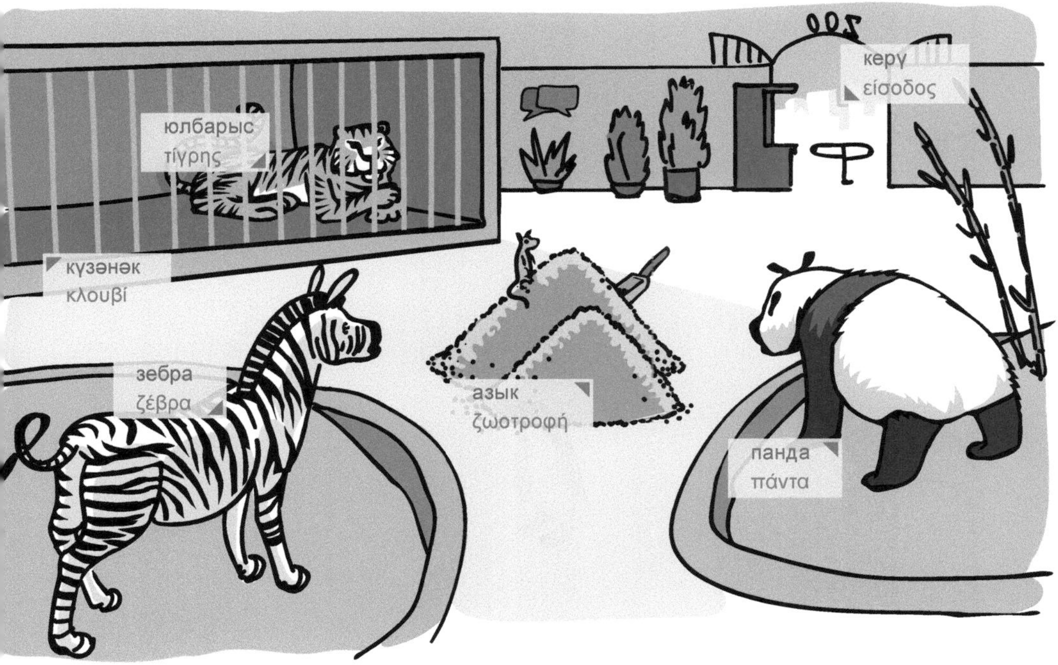
керү
είσοδος
юлбарыс
τίγρης
кузәнәк
κλουβί
зебра
ζέβρα
азык
ζωοτροφή
панда
πάντα

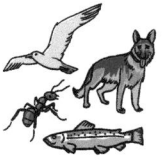

хайваннар

ζώα

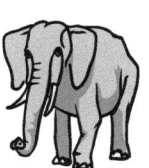

фил

ελέφαντας

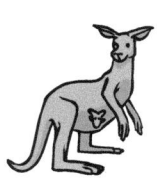

кенгерә

καγκουρό

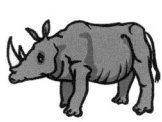

мөгезборын

ρινόκερος

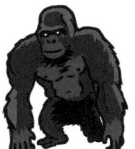

горилла

γορίλας

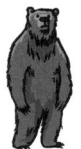

аю

αρκούδα

дөя

камήλα

тәвә кошы

στρουθοκάμηλος

арыслан

λιοντάρι

маймыл

πίθηκος

фламинго

φλαμίνγκο

тутый кош

παπαγάλος

ак аю

πολική αρκούδα

пингвин

πιγκουίνος

акула

καρχαρίας

тавис

παγώνι

елан

φίδι

крокодил

κροκόδειλος

зоопарк хезмәткәре

φύλακας ζωολογικού κήπου

тюлень

φώκια

ягуар

τζάγκουαρ

пони

πόνυ

каплан

λεοπάρδαλη

су үгезе

ιπποπόταμος

жираф

καμηλοπάρδαλη

бөркет

αετός

кабан дуңгызы

αγριογούρουνο

балык

ψάρι

ташбака

χελώνα

морж

θαλάσσιος ίππος

төлке

αλεπού

газәл

γαζέλα

америка футболы
Αμερικάνικο ποδόσφαιρο

велосипедта йөрү
ποδηλασία

теннис
αντισφαίριση

баскетбол
μπάσκετ

йөзү
κολύμβηση

бокс
πυγχαμία

хоккей
χόκεϋ επί πάγου

футбол

ποδόσφαιρο

бадминтон

μπάντμιντον

җиңел атлетика

στίβος

гандбол

χάντμπολ

чаңгы спорты

σκι

поло

πόλο

көлν
γελάω

сикеру
πηδάω

кочаклау
αγκαλιάζω

бару
περπατάω

жырлау
τραγουδάω

хыяллану
ονειρεύομαι

гыйбадәт кылу
προσεύχομαι

үбү
φιλάω

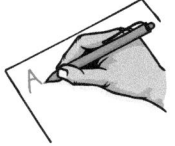

язу
γράφω

рәсем ясау
σχεδιάζω

күрсәтү
δείχνω

басу
πιέζω

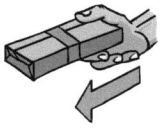

бирү
δίνω

алу
παίρνω

үзеңдә булдыру

έχω

эшләү

κάνω

булу

είμαι

басып тору

στέκομαι

йөгерү

τρέχω

тарту

τραβάω

ташлау

ρίχνω

егылу

πέφτω

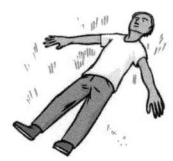

яту

ξαπλώνω

көтү

περιμένω

йөртү

κουβαλώ

утыру

κάθομαι

кию

φοράω

йоклау

κοιμάμαι

уяну

ξυπνάω

карау
κοιτάω

елау
κλαίω

үтекләү
χαϊδεύω

тарау
χτενίζω

әйтү
μιλάω

аңлау
καταλαβαίνω

сорау
ρωτάω

тыңлау
ακούω

эчү
πίνω

ашау
τρώω

тәртипкә китерү
συγυρίζω

сөю
αγαπάω

әзерләү
μαγειρεύω

машинада бару
οδηγώ

очу
πετάω

Җилкәндә йөрү

κάνω ιστιοπλοΐα

исәпләү

υπολογίζω

уку

διαβάζω

уку

μαθαίνω

эш

δουλεύω

никахлашу

παντρεύομαι

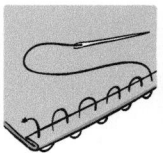

тегү

ράβω

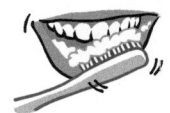

тешләрне чистарту

βουρτσίζω τα δόντια

үтерү

σκοτώνω

тәмәке тарту

καπνίζω

җибәрү

στέλνω

хәрәкәт - δραστηριότητες

гаилә
οικογένεια

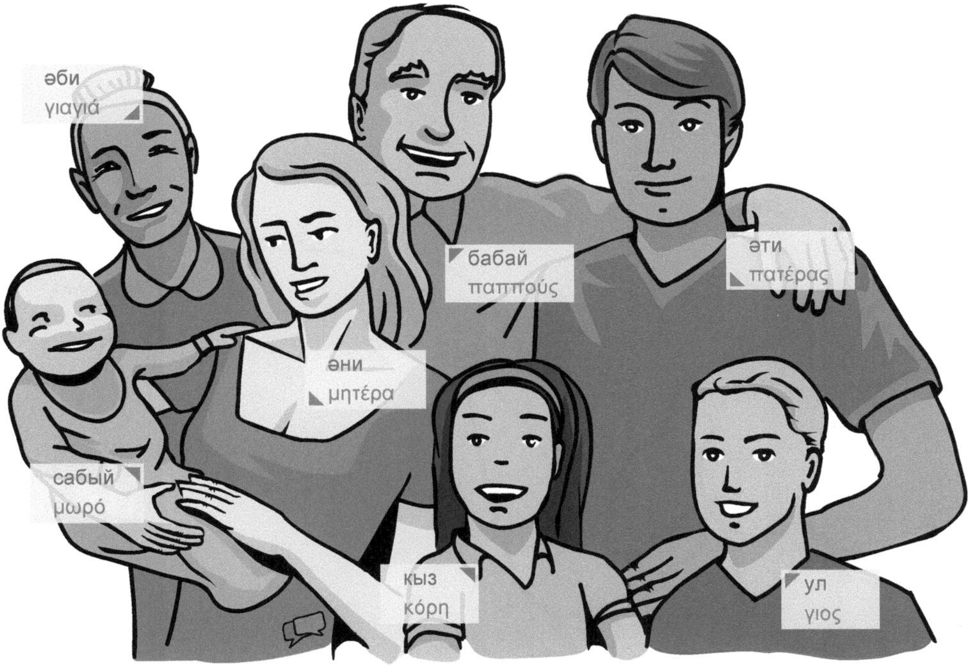
әби
γιαγιά
бабай
παππούς
әти
πατέρας
әни
μητέρα
сабый
μωρό
кыз
κόρη
ул
γιος

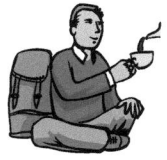

кунак

καλεσμένος

тути

θεία

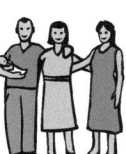

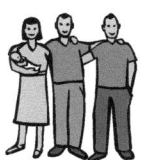

абый

θείος

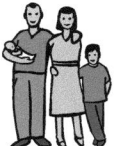

кардәш

αδελφός

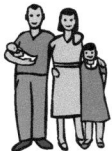

апа

αδελφή

тән

σώμα

маңгай
μέτωπο

күз
μάτι

кулбаш
ώμος

бармак
δάχτυλο

бит
πρόσωπο

ияк
πιγούνι

кул чугы
χέρι

аяк
πόδι

күкрәк
στήθος

кул
βραχίονας

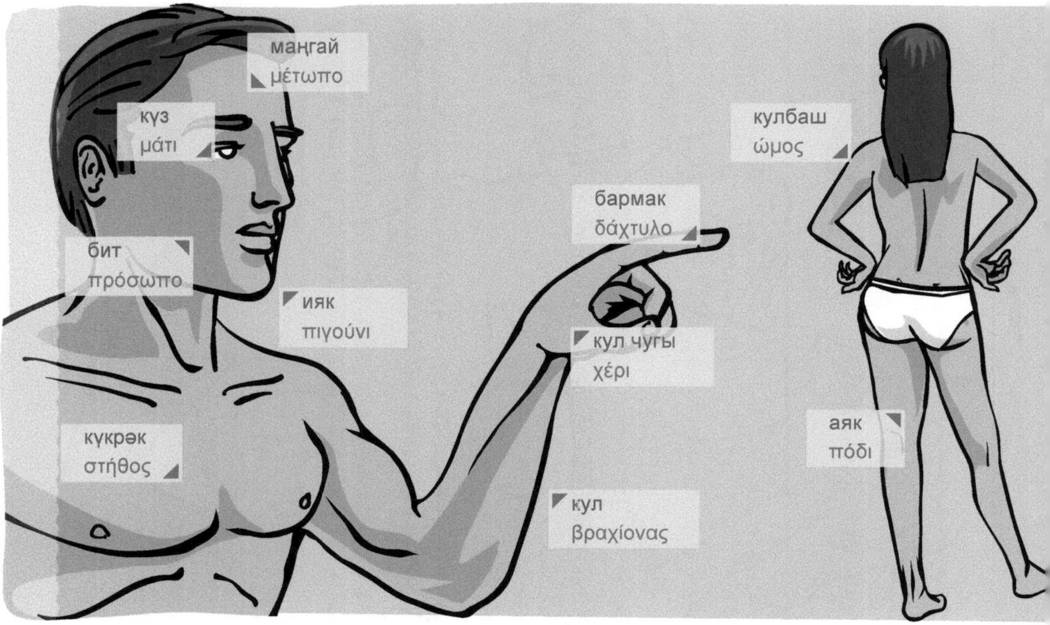

сабый
....
μωρό

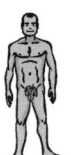

ир
....
άνδρας

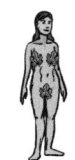

хатын
....
γυναίκα

кыз
....
κορίτσι

малай
....
αγόρι

баш
....
κεφάλι

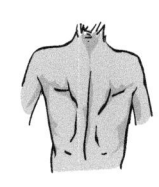

арка

πλάτη

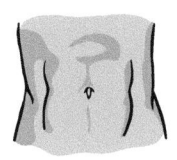

эч

κοιλιά

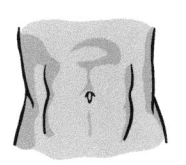

кендек

αφαλός

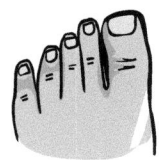

аяк бармагы

δάχτυλο ποδιού

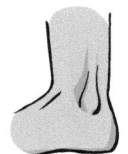

үкчә

φτέρνα

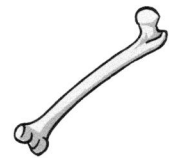

сөяк

κόκκαλο

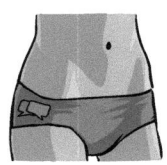

бот

γοφός

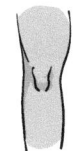

тез

γόνατο

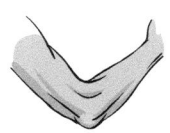

терсәк

αγκώνας

борын

μύτη

арт сан

γλουτός

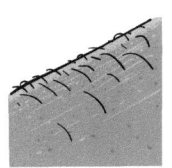

тире

δέρμα

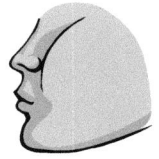

яңак

μάγουλο

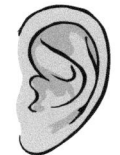

колак

αυτί

ирен

χείλος

авыз

στόμα

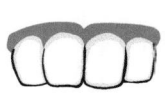

теш

δόντι

тел

γλώσσα

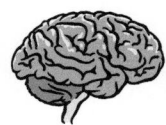

ми

εγκέφαλος

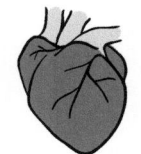

йөрәк

καρδιά

мускул

μυς

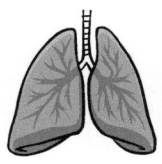

үпкәләр

πνεύμονας

бавыр

συκώτι

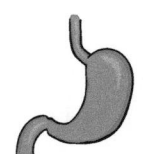

ашказан

στομάχι

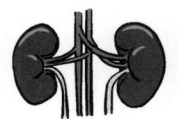

бөерләр

νεφρά

җенси акт

σεξουαλική επαφή

презерватив

προφυλακτικό

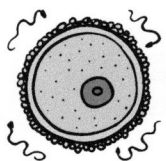

күкәйлек

ωάριο

сперма

σπέρμα

көмәнлек

εγκυμοσύνη

тән - σώμα

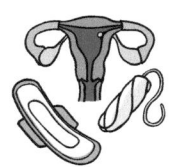

күрем
περίοδος

вагина
γυναικείος κόλπος

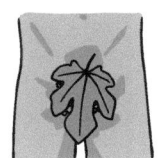

пенис
πέος

каш
φρύδι

чәчләр
μαλλιά

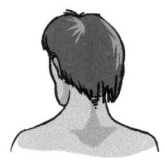

муен
λαιμός

хастаханә

νοσοκομείο

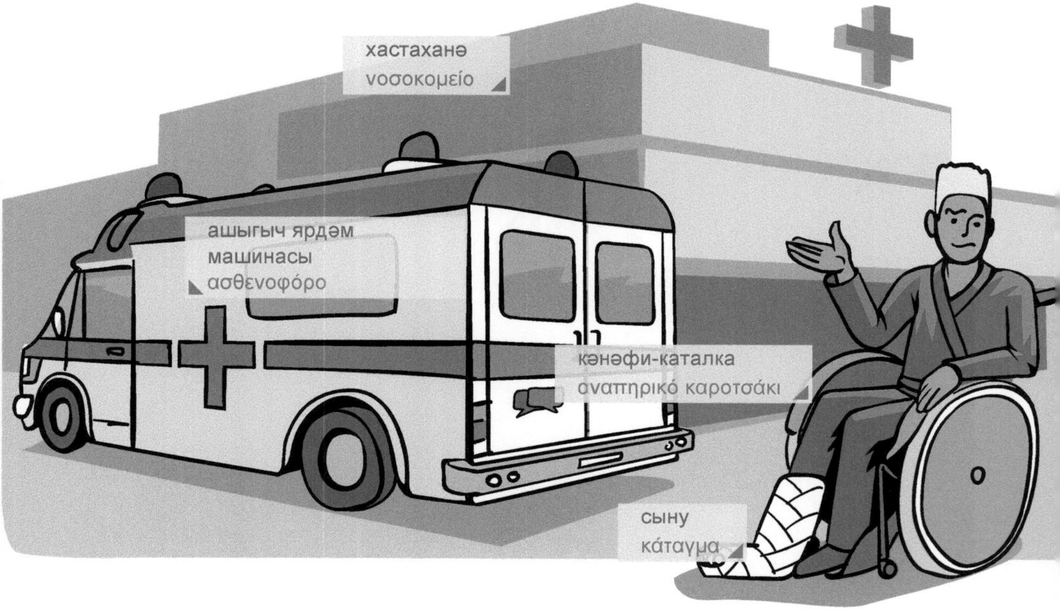

хастаханә
νοσοκομείο
ашыгыч ярдәм машинасы
ασθενοφόρο
кәнәфи-каталка
αναπηρικό καροτσάκι
сыну
κάταγμα

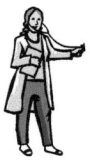

табиб

γιατρός

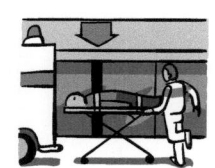

беренче ярдәм пункты

μονάδα εντατικής θεραπείας

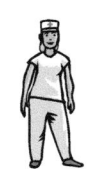

шәфкать туташы

νοσοκόμα

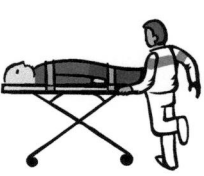

кичектергесез хәл

έκτακτη ανάγκη

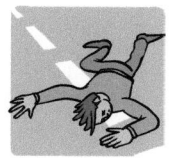

аңсыз

λιπόθυμος

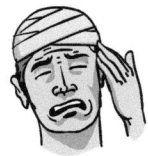

авырту

πόνος

зыян килү

τραύμα

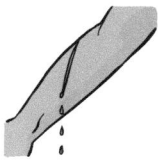

кан агу

αιμορραγία

инфаркт

έμφραγμα

инсульт

εγκεφαλικό

аллергия

αλλεργία

ютәл

βήχας

югары температура

πυρετός

грипп

γρίπη

эч киту

διάρροια

баш авырту

πονοκέφαλος

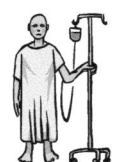

кысла

καρκίνος

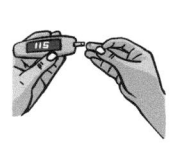

диабет

διαβήτης

хирург

χειρουργός

скальпель

νυστέρι

операция

εγχείρηση

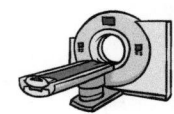

КТ
αξονική τομογραφία

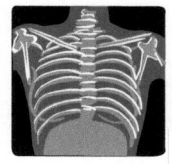

рентген
ακτινογραφία

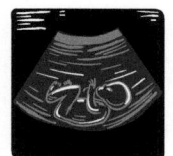

ультратавыш
υπέρηχος

битлек
μάσκα

авыру
ασθένεια

кабул иту бүлмәсе
αίθουσα αναμονής

култык таягы
πατερίτσα

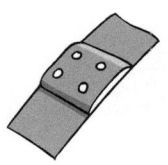

пластырь
χάνσαπλαστ

бинт
επίδεσμος

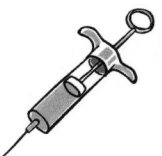

укол кадау
ένεση

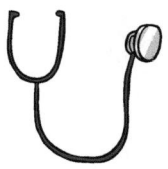

стетоскоп
στηθοσκόπιο

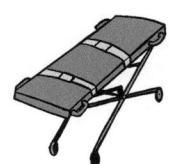

носилки
φορείο

термометр
θερμόμετρο

туу
γέννηση

артык авырлык
υπέρβαρο

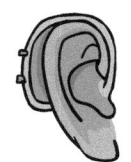

колак аппараты

ακουστικό βαρηκοΐας

йогышсызландыру чарасы

αντισηπτικό

инфекция

λοίμωξη

вирус

ιός

ВИЧ / СПИД

HIV/AIDS

дару

φάρμακο

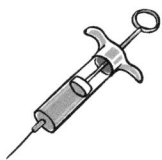

прививка

εμβολιασμός

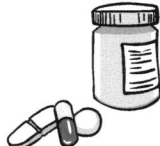

таблеткалар

δισκία

балага узмас өчен таблетка

χάπι

ашыгыч чакыру

κλήση έκτακτης ανάγκης

кан басымын үлчәү өчен прибор

πιεσόμετρο αίματος

авыру / сәламәт

άρρωστος / υγιής

тревога сигналы

συναγερμός

hөҗүм иту

βιαιοπραγία

Ярдәм итегез!

Βοήθεια!

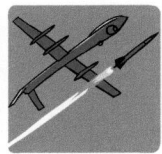

hөҗүм

επίθεση

куркыныч

κίνδυνος

запас чыгу урыны

έξοδος κινδύνου

ут сүндергеч

πυροσβεστήρας

каза

ατύχημα

Янгын!

Φωτιά!

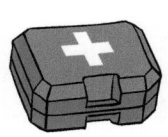

даруханә

κουτί πρώτων βοηθειών

SOS

SOS

полиция

αστυνομία

Европа

Ευρώπη

Төньяк Америка

Βόρεια Αμερική

Көньяк Америка

Νότια Αμερική

Африка

Αφρική

Азия

Ασία

Австралия

Αυστραλία

Атлантик океан

Ατλαντικός Ωκεανός

Тын океан

Ειρηνικός Ωκεανός

Һинд океаны

Ινδικός Ωκεανός

Антарктик океан

Ανταρκτικός Ωκεανός

Төньяк Боз океаны

Αρκτικός Ωκεανός

Төньяк полюс

Βόρειος Πόλος

Көньяк полюс

Νότιος Πόλος

Антарктика

Ανταρκτική

жир

Γη

коры жир

γη

диңгез

θάλασσα

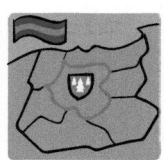

утрау

νησί

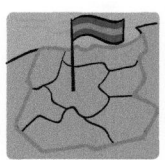

милләт

έθνος

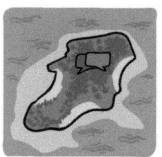

дәүләт

πολιτεία

сәгать циферблаты

κaντράv poλογιού

сәгать угы

ωροδείκτης

минут угы

λεπτοδείκτης

секунд угы

δείκτης δευτερολέπτων

Әле сәгать ничә?

Τι ώρα είναι;

көн

ημέρα

вакыт

χρόνος

хәзер

τώρα

электрон сәгать

ψηφιακό poλói

минут

λεπτó

сәгать

ώρα

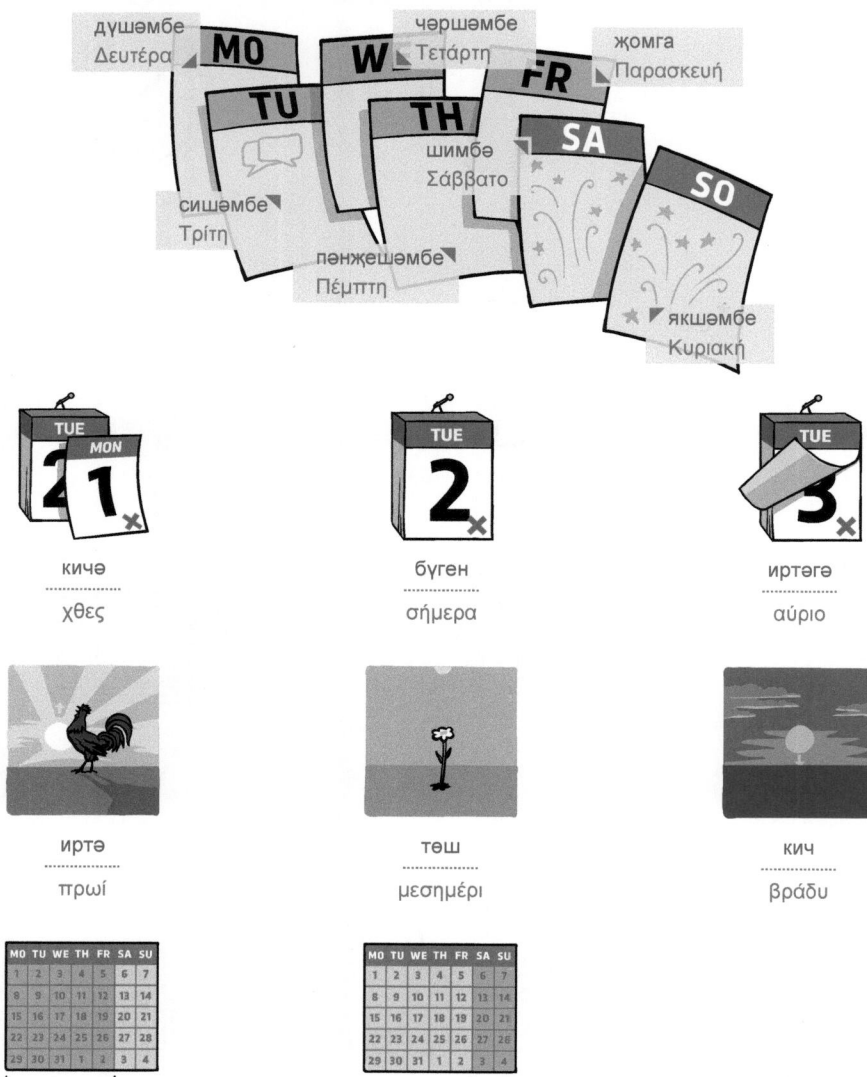

дүшәмбе / Δευτέρα — **MO**

чәршәмбе / Τετάρτη — **W**

жомга / Παρασκευή — **FR**

TU

TH

SA

сишәмбе / Τρίτη

шимбә / Σάββατο

пәнжешәмбе / Πέμπτη

SO

якшәмбе / Κυριακή

кичә
......
χθες

бүген
......
σήμερα

иртәгә
......
αύριο

иртә
......
πρωί

төш
......
μεσημέρι

кич
......
βράδυ

эш көннәре
......
εργάσιμες ημέρες

ял көннәре
......
Σαββατοκύριακο

ел

έτος

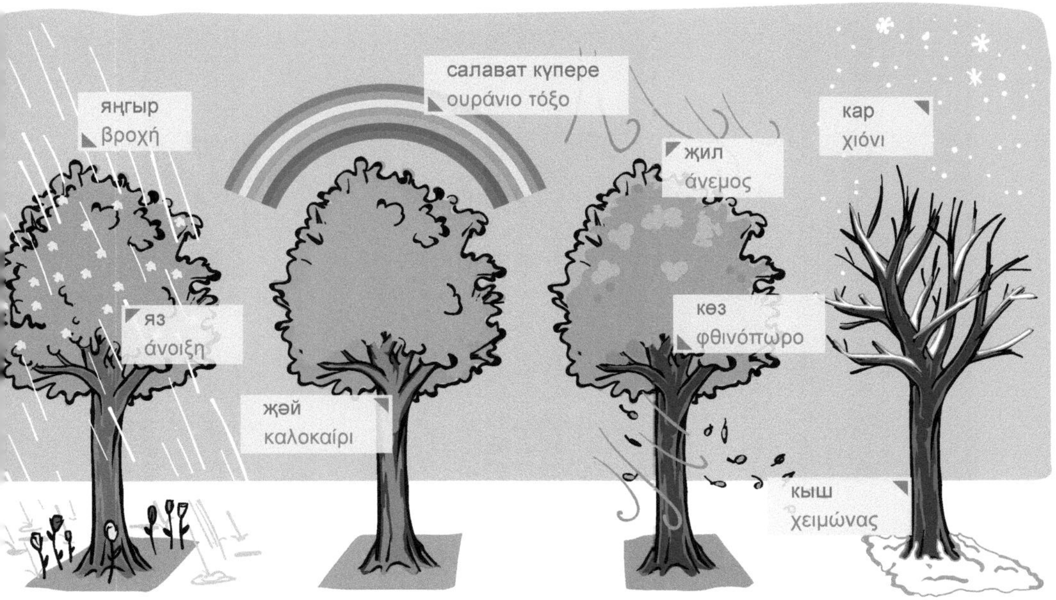

яңгыр
βροχή
салават күпере
ουράνιο τόξο
кар
χιόνι
жил
άνεμος
яз
άνοιξη
көз
φθινόπωρο
җәй
καλοκαίρι
кыш
χειμώνας

4.APRIL 11°
5.APRIL 4°
6.APRIL 13°
7.APRIL 8°
8.APRIL 10°

һава торышы

прόγνωση καιρού

F C
120 40
90 30
60 20
30 10
0 0
-30 -10
-20

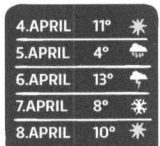

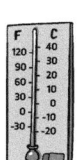

термометр

θερμόμετρο

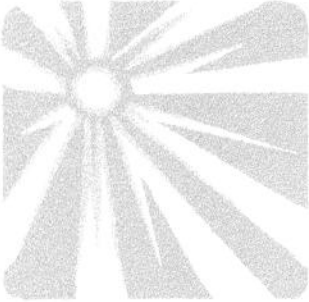

кояш яктысы

λιακάδα

болыт

σύννεφο

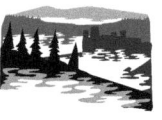

томан

ομίχλη

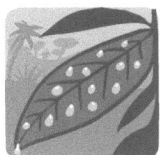

дымлылык

υγρασία

яшен
αστραπή

күк күкрәү
κεραυνός

давыл
καταιγίδα

боз
χαλάζι

муссон
μουσώνας

су басу
πλημμύρα

боз
πάγος

гыйнвар
Ιανουάριος

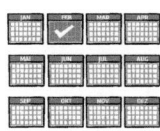

февраль
Φεβρουάριος

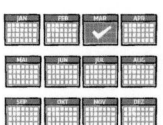

март
Μάρτιος

апрель
Απρίλιος

май
Μάιος

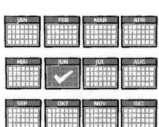

июнь
Ιούνιος

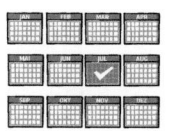

июль
Ιούλιος

август
Αύγουστος

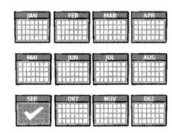

сентябрь

Σεπτέμβριος

октябрь

Οκτώβριος

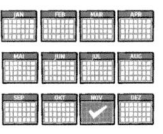

ноябрь

Νοέμβριος

декабрь

Δεκέμβριος

формалар
σχήματα

божра

κύκλος

квадрат

τετράγωνο

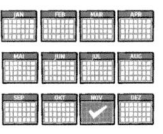турыпочмак

ορθογώνιο
παραλληλόγραμμο

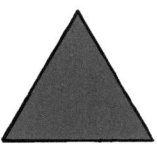

өчпочмак

τρίγωνο

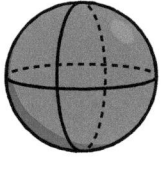

шар

σφαίρα

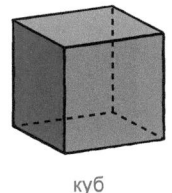

куб

κύβος

ак

άσπρο

сары

κίτρινο

кызгылт сары

πορτοκαλί

ал

ροζ

кызыл

κόκκινο

шәмәхә

μωβ

зәңгәр

μπλε

яшел

πράσινο

көрән

καφέ

соры

γκρι

кара

μαύρο

күп / аз

πολύ / λίγο

усал / тыныч

θυμωμένος / ήρεμος

матур / ямьсез

όμορφος / άσχημος

башы / ахыры

αρχή / τέλος

зур / кечкенә

μεγάλος / μικρός

якты / караңгы

φωτεινός / σκοτεινός

абый / эне

αδελφός / αδελφή

чиста / пычрак

καθαρός / λερωμένος

тулы / тулы түгел

πλήρης / ατελής

көн / төн

ημέρα / νύχτα

үле / тере

νεκρός / ζωντανός

киң / тар

φαρδύς / στενός

ашарга яраклы / ашарга яраксыз

βρώσιμος / μη βρώσιμος

явыз / яхшы

κακός / ευγενικός

дулкынланган / сагынган

ενθουσιασμένος / βαριεστημένος

юан / ябык

παχύς / λεπτός

башта / азакта

πρώτος / τελευταίος

дус / дошман

φίλος / εχθρός

тулы / буш

γεμάτος / άδειος

каты / йомшак

σκληρός / μαλακός

авыр / җиңел

βαρύς / ελαφρύς

ачлык / сусау

πείνα / δίψα

авыру / сәламәт

άρρωστος / υγιής

хокуксыз / хокуклы

παράνομος / νόμιμος

акыллы / акылсыз

έξυπνος / χαζός

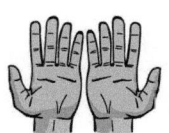

султан / уңнан

αριστερός / δεξιός

якын / ерак

κοντινός / μακρινός

яңа / тотылган

καινούριος / μεταχειρισμένος

бер нәрсә дә / нәрсәдер

τίποτα / κάτι

өлкән / яшь

γέρος | νέος

тоташтырылган / сүндерелгән

αναμμένος / σβηστός

ачык / ябык

ανοιχτός / κλειστός

әкрен / кычкырып

χαμηλόφωνος / μεγαλόφωνος

бай / ярлы

πλούσιος / φτωχός

дөрес / дөрес түгел

σωστός / λανθασμένος

кытыршы / шома

τραχύς / λείος

моңсу / бәхетле

λυπημένος / χαρούμενος

кыска / озын

κοντός / μακρύς

җай / тиз

αργός / γρήγορος

дымлы / коры

υγρός / στεγνός

җылы / салкын

ζεστός / δροσερός

сугыш / тынычлык

πόλεμος / ειρήνη

0

ноль

μηδέν

1

бер

ένα

2

ике

δύο

3

өч

τρία

4

дүрт

τέσσερα

5

биш

πέντε

6

алты

έξι

7

җиде

εφτά

8

сигез

οκτώ

9

тугыз

εννιά

10

ун

δέκα

11

унбер

έντεκα

12
унике
δώδεκα

13
унеч
δεκατρία

14
ундүрт
δεκατέσσερα

15
унбиш
δεκαπέντε

16
уналты
δεκαέξι

17
унҗиде
δεκαεφτά

18
унсигез
δεκαοκτώ

19
унтугыз
δεκαεννέα

20
егерме
είκοσι

100
йөз
εκατό

1.000
мең
χίλια

1.000.000
миллион
εκατομμύριο

инглизчə

Αγγλικά

американча инглиз

Αμερικάνικα Αγγλικά

мандаринча Кытай

Μανδαρίνικα Κινέζικα

hинди

Χίντι

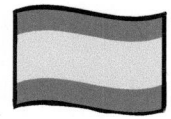

испан

Ισπανικά

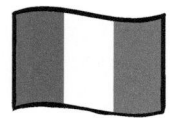

француз

Γαλλικά

гарəп

Αραβικά

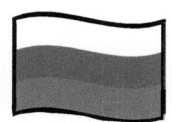

рус

Ρώσικα

португал

Πορτογαλικά

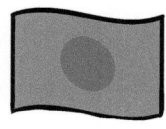

бенгал

Μπενγκάλι

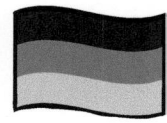

алман

Γερμανικά

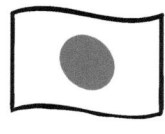

япон

Ιαπωνικά

мин
εγώ

син
εσύ

ул / ул / ул
αυτός / αυτή / αυτό

без
εμείς

сез
εσείς

алар
αυτοί / αυτές / αυτά

кем?
ποιος / ποια / ποιο;

нәрсә?
τι;

ничек?
πώς;

кайда?
πού;

кайчан?
πότε;

исем
όνομα

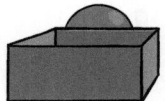

артта

πίσω

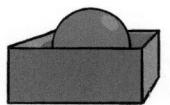

эчендэ

μέσα

алда

μπροστά

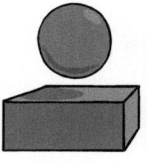

өстендэ

πάνω από

өстенэ

πάνω

астында

κάτω

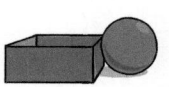

янәшә

δίπλα

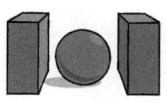

арасында

ανάμεσα

урын

μέρος